きちんと伝わる

「わかりやすい説明」

福田 健
TAKESHI FUKUDA

総合科学出版

はじめに

――「説明」が求められる場面は、ますます増えていく

世の中には、「わからないこと」がたくさんあります。

つい最近も、宇宙には「第二の地球」とも言うべき星が七つも存在するらしい、とのニュースが報じられました。その星には生物は存在するのか。存在するのであれば、どんな生物か。ひょっとすると、人間に近い生き物が生息しているのでは？

科学者から、説明を聞きたいところです。

アメリカでは、ドナルド・トランプという型破りの大統領が誕生しました。これから先、世界の政治はどう動くのか、景気はよくなるのか、あの過激とも思える発言はいつまで続くのか、と考えると、テレビのコメンテーターの解説に聞き入ってしまいます。

つき合っている女性から、このところメールが来ない。あれから一週間が過ぎたのに、一本もなし。いったい、どうしたのだろうか。なにか事情でもあるのだろうか。スマホ

を片手に、居ても立ってもいられない心境に……。

この場合も、彼女から説明してもらわないと、真相はわからずじまいです。


説明とは、わかっていない人に対して、わかっている人が行う、**わからせることを目的としたコミュニケーション**です。

宇宙のことやアメリカ大統領の言動といった、大きな話題でなくても、「わからないこと」すなわち「知りたいこと」「わかりたいこと」は、日常生活の中にあふれています。

説明とは、それに答える、「知っている人からの発信」です。となれば、「説明する人」の役割は大きく、**相手に及ぼす影響は、その人の説明力の優劣次第**、ということになるのです。

「私は説明が苦手で」

「説明しても、わかってくれないから」

などと、言っている場合ではないのです。

説明を聞いて理解ができた人は、目の前が明るくなったような、スッキリした気分を味わうことができます。

そして、わかるように説明してくれた相手に、感謝したくなります。

自分は博識で、（たいていのことは知っている）と自負している人がいます。このような人が説明上手かというと、必ずしもそうとはかぎりません。知らない人、わからない者に対して、

「そんなことも、わからないのか」

と、上から目線で、相手を見下すような言い方になってしまうことが多いからです。

説明する人は、次の三点に関して、しっかり把握しておかなければなりません。

①説明の内容について
②説明する対象について
③説明の仕方・方法について

どれも当たり前なこと、そんなことくらい百も承知している、と思われるかもしれません。ところが、実際に説明をしてみると、思うように真意が伝わらなかったり、伝わっ

ても、ニュアンスの違った受け取り方をされてしまったり……。

右の三点のうちのいずれかを、充分に把握していないために、そうなるのです。

さらに困ったことに、説明しても伝わらないのは、

「相手の理解力が足りないから」

と、人のせいにすることも……。でも、そうした考えは間違っています。**自分の説明の仕方が悪いことに気づく**べきなのです。

人としての喜び――それは二つあります。

一つは「**わからないことがあること**」。

そして、もう一つは「**わからないことがわかること**」。

人は「わからないこと」があると、どうにか知りたいと考え、知恵を絞り、努力します。その努力の過程で見出す喜びもあります。「わからないことがある」からこその努力であり、生まれる喜びなのです。

さらに「わからないことがわかる」ようになれば、それに越した喜びはありません。

説明とは、こうした喜びを味わってもらうのを目的としたコミュニケーションであり、説明の本質を理解し、説明の方法を身につければ、誰でもすぐにスキルを向上させることができます。

本書は、説明のスキルとそれを支えるコミュニケーションについて、具体的に述べたものです。特に説明のスキルに関しては、**すぐに実践できる方法を、二〇の項目**にまとめてありますので、あなたの説明力のレベルアップに、必ずお役に立つと思います。

変化の激しい時代、わからないことが次々に出てきて、説明を必要とする場面が急増しているとき、これを苦痛とするか、喜びとするかは、あなた次第なのです。

「わかる喜び」、そして「わからせる喜び」――人とのさまざまな出会いの中で、互いに分かち合えるようになれることを願ってやみません。

福田　健

二〇一七年　三月

きちんと伝わる「わかりやすい説明」◇目　次◇

はじめに

第1章　あなたの「説明」は相手に伝わっているか？

第2章 相手に伝わる説明――20のスキル

第4章 説明力がアップする「言葉」の用い方

第1章

あなたの「説明」は相手に伝わっているか？

1

「わかりやすい説明」がコミュニケーションを円滑に！

▼毎日が説明の連続

私たちは知らず知らずのうちに、日々、「説明」をしています。

「どうして？」と問われれば、その理由を説明するわけですし、「どうやればいいのか」と聞かれたときには、やり方についての説明をしなくてはなりません。

ある部署で、書式を新しい方式に改めたところ、新書式の使い方について問い合わせが殺到。そのため、一週間も説明のために時間をとられてしまいました。その理由は、説明がわかりにくいということ。未《いま》だに、クレームをつけてくる人もいるそうです。

これは、最近、私が耳にした実例ですが、何事も新しい試みを軌道に乗せるには、説明が不可欠です。

このように、毎日が説明の連続なのに、私たち日本人は、「わかりやすく説明する方法」について、学校で教えられていません。教えてもらわないまま、学校を卒業して、社会人になってしまったのですから、「説明が苦手」なのは当たり前です。親・上司・先輩などから、コツを断片的に教わっただけで、あとは自己流でやってきたのです。上手でなくて当然と、開き直ったほうが気がラクになります。

でも、自己流のままでは、思うように意思も伝わらず、コミュニケーションに阻害をきたすことにもなりかねません。**すすんで説明の経験をつめば、必ず上達していきます。日々の生活の中に、説明の力を伸ばすチャンスはいくらでもあります。**身のまわりでの説明は、プレゼンテーションや改まった場で説明するときに、必ず生きてきます。

▼聞き手に届くメッセージを

説明は、「わかってもらう」を目的としたコミュニケーションですが、コミュニケーションが成立するためには、**「話したことが相手に届く」**ことが条件になります。

ここで、話し手はとかく一方的になりがちです。

自分が声を出してものを言えば、相手は、（聞いているもの）と、思い込んでいる節があるのです。それが証拠に、

「オレはちゃんと言ったよ」

「いいや、聞いていない」

などといった、「言った」「言わない」の悶着《もんちゃく》がよく起こります。

話が相手に届いたかどうかの確認をしない、あるいは、忘れるために起こる現象です。

話せば相手が聞いているもの、という考えが誤りであることに気づくべきです。こうした発想は、本《もと》を正せば、「話さなくてもわかる」という旧来の考え方に根ざしているので、いまの時代には通用しないのです。

一例をあげます。

「キミ、確認してくれたろうね」

出先からもどってきた部下に、上司が声をかけました。

「え、なんのことですか？」

部下は怪訝《けげん》な表情で答えました。

「なんのことって、A社の部長に、今度のイベントに出席かどうか、確認してほしいと、出がけに頼んだじゃないか」

「それ、聞いてませんよ」

「私が声をかけたら、振り返って、ハイって、キミは返事をしただろうが」

「いえ、課長が頑張れよと言ってくれたと思って、『ハイ、頑張ります』と答えたので、ほかは何も聞いてませんけど」

「ダメじゃないか、しっかり聞いてなくちゃあ」


さて、このやりとり、「ダメ」なのは、どちらだと思いますか？

しっかり伝えなかった課長のほうです。体はまだ出口の手前でも、部下の心はもう外に向かっているのですから、そんな状態の相手に話を聞かせるのだとすれば、

「A君、ちょっと、確認してほしいことがあるんだけど」

と、呼びとめることが必要です。

話を聞いてもらうには、こちらに注意を向けさせ、関心を呼び起こさせる工夫がいるのです。

思想家の内田樹《たつる》氏は、こう言っています。

「私は『メッセージを発信する』という行為において、最優先に配慮すべきことは、そのメッセージが『正しい』ことではなく、『聞き手に届く』ことだと思う」

さらに、こう付け加えてもいます。

「大切なのは『その言葉が聞き手に届いてそこから何かが始まる』ことである」

説明につなげて言えば、「そこから、わからせるが始まる」のです。

▼説明不足では何事も通用しない現実

話し手としては、わかりやすく話したつもりでも、聞き手から、

「話にまとまりがなく、何を言っているのか、わかりにくかった」

といった反応が返ってくる場合があります。

自分の意にそった反応が返ってこないと、

「どうして？　そんな受け取り方をするなんて、ひどいよ」

などと、相手を非難したくなります。話し手の話が「わかるか、わからないか」、それを決めるのは聞き手です。

自分が話した通りに相手に伝わる——これは、話し手の思い込みにすぎないのです。

相手は自分と異なる人間です。どんなに親しい間柄、気心の知れた上司と部下でも、「相手と自分は同じではない」、つまり、聞き手は自分と違うのですから、当然、違った受け取り方をすることもあります。話し手が、

「そんな受け取り方はおかしい」

と、文句を言っても始まらないのです。

話せばわかる。そうあってほしいですが、そうなってくれないのが現実です。

わかりやすく話す「説明の技術」が求められるのも、そのためです。

乱暴な言い方ですが、まわりの人がほとんど顔見知りで、強い絆《きずな》で結ばれ、仲間意識が強かった頃には、説明下手でも通用していたのです。

しかし、いまは違います。お互い、**自分と違う相手と、違いを理解し合い、認め合いながら、協力し合っていく**のが、私たちに与えられた「コミュニケーションの課題」なのです。

コミュニケーションには相手があり、相手は自分と異なる存在です。この基本をふまえて、「わかりやすい説明の技術」を身につけていきましょう。

2 聞かれ方を考えて話す

▼あくまで「笑うのは相手」

落語家の話です。

売出し中の若手の落語家が寄席で話していました。

なぜか、その日、噺《はなし》が受けなくて、いつものように、どっと笑いが返ってきません。

力めば力むほど、噺は空回りするばかり。

なんとか高座を終え、楽屋にもどってきた彼の口から、

「まったく今日の客はどうなってるんだ、田舎者《もん》の客には困ったものだ」

と、愚痴が飛び出しました。

これを耳にした師匠は、

「何を勘違いしてる。笑うのは客だぞ」

と、叱りつけました。

自分が話せば笑うのは当たり前と、自惚《うぬぼ》れていた若手の彼は、師匠のひと言でハッとしました。**自分が面白いと思う話ではなく、客である相手が面白いと感じる話をする。**このことに気づかされたのでした。

プレゼンテーションも同じです。不採用になった場合、クライアントを責めるのでなく、話の聞かれ方を考えてみて下さい。

▼ひと言足りないだけで、こんな行き違い

仕事で知り合ってまもない女性に、頼み事があって、電話をかけたときのことです。

「福田と申しますが、M子さん、いらっしゃいますか」

「福田さんですね、少々お待ち下さい」

電話に出た人は、そう言ってM子さんに取り次いでくれ、まもなくM子さんの明るい声がしました。

「あら、福ちゃん、しばらく！」

　これには、驚きました。福ちゃんと呼ばれるほど親しくないし、それに「しばらく」どころか、会ったのは三日前です。明らかに、彼女は親しくしている、私ではないほかの福田と、取り違えていると思いました。

（さて、困った、なんて言おう）

　そう思案しているところに、

「会いたかったわ」

と追い打ちをかけられ、もう、電話を切ろうかと思ったくらいでした。でも、気を取り直して、

「話し方研究所の福田です」

と、名乗りました。

　M子さんの「あッ！」という驚きの声が、いまでも耳に響いてくるようです。

　考えてみれば、私が最初から「話し方研究所の」と、ひと言つけ加えていれば、こんなことにはならなかったはずです。福田という名字は、日本で四十四番目に多い、と聞いた

覚えがあります。

M子さんに恥をかかせたのは、**ひと言足りなかった私の説明不足**のせいでした。

▼立場によって変わる受け取り方

会社のことを考えて、よかれと思って提案したのに、わかってもらえないばかりか、相手が怒り出してしまった……。そんな経験をした人が、何人もいます。

提案とは、現状に問題があるので、それを改善するために、新しい発想・方法を取り入れるべきだ、との考えに基づいてなされる試みです。「現状を変えたい」「変えることでもっとよくしたい」と、前向きな態度のもとに行われるわけですが、提案の説明を聞く側は、それぞれ立場によって、反応の仕方が違います。

ガス器具を販売する会社での話です。

仕事熱心なE子さんは、会議の席上で、営業担当者を女性にすべきであるとの提案を行いました。

ガス器具などの購入をするのは、大半は女性で、家庭をあずかる奥さん方だから、営業を担当する者も、男性よりも女性のほうが、お客の気持ちもよくわかるし、相手も話しやすい。それなのに、当社では営業担当者は全員が男性。

いまは、女性の能力を活用することの大切さが叫ばれている時代でもあり、

「この際、女性の営業チームを立ち上げて、停滞している売上げの向上を図るべきではないでしょうか」

と、熱の入ったプレゼンテーションを行ったE子さんですが、周囲の反応は冷ややかでした。

中でも、「男性中心の現状はおかしい、時代に遅れている」と、暗に非難された営業部長から強い反論がなされました。

ガス器具やエネルギー全般についての知識は、男性のほうがはるかに豊富で、女性客からの信頼も厚い。現在売上げが伸び悩んでいるのは、増税への懸念からくるもので、

「提案は現状の把握が甘く、検討に値しない」

などと、結局、反対多数で、E子さんの提案はわかってもらえなかったのです。

これは営業部長の立場になることを忘れて、自分の提案の良さだけに説明の中心をおい

てしまったところに、「わかってもらえない」原因があったのではないでしょうか。

提案の正しさ＝現状の非難、に陥らないこと。むしろ、女性チームが活躍して実績が伸びている他社の事例をあげて説明したほうが、聞く者の理解を得やすかったと思います。

同じ話でも、立場や役割が違えば、受け取り方が違います。

あなたが技術者で、提案内容がいかに技術的にすぐれているか、に説明の中心をおいたとします。

もし、聞き手が経営幹部で、提案を採用することで得られる利益に関心が強かったとすれば、あなたの説明と、相手の受け取り方には、大きな相違が出てしまいます。

経営幹部ならば、その提案を実行に移すことで、どれだけの売上げ増が見込まれるか、他社の女性中心の営業チームがどんな実績をあげているかを聞きたがります。

説明においては、常に「相手なら、どう聞くか」、そして「相手に、どう聞いてもらうか」を考えて話すことがポイントです。

3

説明上手はきちんと「言いわけ」できる

▼言いわけと弁解、どこが違うのか

言いわけという言葉は、これまで、卑怯者《ひきょうもの》の代名詞のように扱われ、嫌われていました。

あるとき、私は疑問がわいてきました。

なぜ、言いわけがそんなに嫌われるのか。考えた末にわかったのは、「言いわけと、弁解との混同」でした。間違いや失敗をしたとき、（自分は悪くない）と、自己弁護を試みるのが弁解です。

作成した書類の間違いを指摘されて、

「忙しくて、確認するヒマもなかったんです。これだけ仕事を抱えていたのでは、とても確認なんかしてられません」

などと答えるシーンを目にすることがよくあります。

忙しいのはみんな同じなのに、「多忙」を理由に自分を守ろうとして、その上、「非は自分にない」と、責任転嫁を図るのが「弁解」です。

間違いを素直に認めて謝るのでなく、自分を守ろうと理由をこじつけて、責任逃れをしようとする「弁解」が見苦しいのは言うまでもありません。問題は、言いわけを弁解と見なすところにあります。これでは、

「言いわけをするな！」

「言いわけなんか聞きたくない」

「言いわけをするくらいなら、黙って責任をとれ」

と、言われても仕方がありませんし、事実、長い間、「言いわけ」は非難の的でした。

でも、「言いわけ」は、間違い・行き違いなどがあった場合、

「相手のために『理由《わけ》』を説明すること」

と、捉えるべきなのです。

人間、間違いもすれば、いたらぬ点もあります。その結果、相手に迷惑をかける。その迷惑を最小限にとどめ、以後、同じ迷惑をかけないようにする。それには、ミスの理由をきちんと説明する必要があります。

すなわち、わけを説明するのは、「相手のため」なのです。

「すみません、以後、気をつけます」

と、頭だけ下げても、理由の説明がなければ、相手は納得できないでしょう。当然、

「いったい、どうなっているんだ」

と、理由を求められます。

ところが、「言いわけはするな」と言われていると、説明したくても説明できずに、ノーコメント。相手は「無言の抵抗」と勘違いをする恐れがあります。

▼プラス・イメージで捉えたい「言いわけ」

人間は完全ではありません。間違いは、誰にでもあることです。間違いをすることで間違いを乗り越えてきたのが、人間の歴史といってよいでしょう。

そこで、次の二つの心構えが求められることになります。

①間違いを認めて謝ること

②理由を説明して、同じミスを繰り返さないこと

弁解は①に反する行為で、やってはいけないこと。言いわけは、②のために必要なことなのです。

すなわち、「弁解」と「言いわけ」を区別して、**言いわけを「前進のため」「相手のために「わけを説明する」行為と捉える**、のが正しい態度だと私は考えます。

プロ野球の投手が、相手チームの打者に打ち込まれて、大事な試合を落としたとします。

言いわけを弁解と勘違いして、

（言いわけをするなんて、男らしくない）

とばかり、いっさい無言。いまでも、こうした態度をとる選手はいるでしょう。

これとは反対に、すすんでわけを説明し、

「意地になって直球で勝負したのがマズかったんです。あそこでは、変化球でかわし、追い込んでから、直球を投げるべきでした。冷静さを欠いていました」

と、打たれた原因をしっかり分析し、相手に説明し、次回に備える。

その上で、

「カッとなったときは、タイムをとって一呼吸おく。これを忘れないようにします」と、失投しないための対策を示して、責任をとること。日本のプロ野球の選手にも、こうした態度をとる人が増えてきてほしいものです。

「言いわけ」という言葉に伴うマイナス・イメージをとり除いて、違和感なく「説明上手は言いわけ上手」と言えるためにも、**ミスしたあとに、しっかり失敗の理由を説明する習慣をつけましょう。**

日本人の説明下手は、言いわけをマイナスに受け取る習慣と関係しています。言いわけが、筋の通ったきちんとしたものであれば、前向きのコミュニケーションとして、もっと奨励し、また実践すべきでしょう。

言いわけの表現の工夫は、そのまま説明上手の道につながるのです。

4 「伝わらない」からこそ求められるひと工夫

▼「寄り合い」にみる日本人の知恵

かつての日本人は、コミュニティと呼ばれる村社会の中での、お互いに顔見知りの人たちとのつき合いが中心でした。それは顔馴染《かおなじ》みの気心の知れた者同士、以心伝心のコミュニケーションが成り立つ社会でした。

長くつき合っている者同士、多くを説明しなくても、通じ合えていた上に、控え目であることが美徳とされていましたから、大声で主張したりするのは、「はしたない」こととされていました。

お互いの理解は、「話し合う」ことでなく、「察し合う」ことでなされていた、ともいえますが、はたして、それだけですんでいたかというと、何か見落としがありそうな気もします。

民俗学者の宮本常一《つねいち》氏は『忘れられた日本人』（岩波文庫）という著書の中で、「かつて、日本の村社会には、『寄り合い』という人々の集まりがあった」と書いています。何か問題が起こると、「寄り合い」で話し合い、納得がいかないと、夜が明けるまで話し合ったそうです。

勝手な主張ばかりする者には、年寄りが、

「誰もいないところでたった一人、胸に手をおいて、少しも私は悪いことはしておらんと、はっきり言い切れる人がいたら、申し出て下さい」

と、たしなめると、口をつぐんでしまう。

一方で、発言できないで悩んでいる人には、

「勇気をもって話しなさい」

と、促したりする。

事情を説明し、納得するまで話し合う。そうした知恵を、村という集団の中で、かつての日本人は身につけていたのかと考えると驚きです。日本人のすごい知恵です。

そこには、「話さなくてはわからない」、だから「わからない相手になんとかわからせようと説明する」、そして「相手の言い分も、時間をかけてゆっくり聞く」という、人の知恵と忍耐があったのだと感心しました。

いま、日本の社会は多様化し、複雑化しています。価値観も生活の仕方も、それぞれに多様です。考え方、暮らし方が一人ひとり違う中で生活を営み、仕事をするのですから、昔以上に、話し合って問題を解決する力が求められています。

「みんな同じ」から「みんな違う」世の中になったのですから、話したからと言って、すぐにわかってくれるとは限りません。逆に、「話してもわからない」相手が多くなっていきます。

だからといって、「話してもわからない、通じない」のでは、生活する上で支障をきたします。むしろ、**「話してもわからない」人を相手に、説明の仕方を工夫する「よい機会」と捉える**べきだろうと、考えます。

ポイントを二つにまとめれば、こうなります。

①説明の仕方を工夫して、一挙に全部でなく、一つずつ、わかる範囲を拡げていく

②潮時を心得て、引くときは潔《いさぎよ》く引いて、以後に、話し合う余地を残す

すぐに「話してもムダ」と諦《あきら》めないと同時に、しつこくねばらず、気まずさを残さないようにしたいものです。

わかってくれるものと思って、上司に事情を説明したところ、理解を得られなかった部下は、席にもどるなり、

「もう課長に話すのはやめた！　あんな石頭には何を言ってもムダだ」

と、腹を立て、黙り込んでしまう。よくある話です。

誰でも、話してわかってくれないと、いらいらして、腹が立ちます、とはいえ、いつまでも心を閉ざして口をきかなければ、仕事は停滞するばかりです。

そこで、（ものわかりが悪い上司こそ、自分を鍛《きた》えてくれる人）と、認識を改めれば、（どう言えばわかってもらえるか、対策を立てよう）と、頭を切り替えることもできます。

大事なのは「説明放棄に陥らない」ことです。

▼「すべてわかってほしい」は欲張りすぎ

R課長から聞いた話です。

新任部長のX氏は、決して部下に威張らない、ものわかりのよい人とのこと。前任の部長が二言目には「くだらん」と言って切り捨てる「話のわからない上司」だったので、R課長はX氏に期待を持ちました。

一週間、一〇日と様子を見ていると、X部長は、前評判通り、にこやかで、一人ひとりの部下に気軽に声をかけ、相手の話には熱心に耳を傾けます。

（この部長は話のわかる人だ）

R課長はある日の午後、部長に、かねてから考えていた、五人の部下への仕事の配分についての案を説明しました。前任の部長に話したときには、

「くだらん、部下の力が及ばないところは、キミが代わってやればよい」

と、一蹴されてしまいましたが、X部長は話を最後まで聞いてくれました。

ところが、答えは意外にも「考えておく」でした。

その場でわかってくれて、ＯＫがもらえるものと思っていただけにガッカリ。翌朝、X部長に呼ばれて、厳しい顔で言われました。

「キミの考えは甘い。まだムリだろうと、厄介《やっかい》な仕事をまかせないから、部下が育たないんだ。今期中に、部下の仕事のレベルアップに本気で取り組んでほしい」

提案内容について理解してもらうどころか、新たな課題を与えられてしまったのです。意外に手強《てごわ》いX部長にやり込められた一カ月後、やっとわかったのは、部長は部下の能力に応じて理解を示したり、注文をつけたりする人だ、ということでした。

近頃では、部長に話を持ち込む際、つい、

「どうぞ、お手やわらかに」

などと口がすべってしまい、部長からこうたしなめられたりしています。

「キミ、勘違いするなよ、私は少しも厳しくない。キミのレベルを上げればいいんだ」

ひと口に部長といっても、十人十色、考え方もいろいろです。そうした中の一人の人間に、すべてわかってほしいと望むのは贅沢《ぜいたく》、あるいは欲張りなのです。**一つか二つわかってもらえれば、それでよしとする。**そして、**時間をかけ、わかってもらう範囲を徐々に拡げていくことです。**

X部長と仕事をするようになって、以上のような当たり前なことが「わかった」と振り返るR課長。

部下にやさしく、管理職には厳しいX氏は、すぐれた部長だったのです。

5 身を乗り出す説明、ソッポを向かれる説明

▼長い説明は嫌われる

相手のために説明しているのに、説明することをイヤがられたり、うるさがられたりする。（そんなのおかしい、割に合わない）と思う人がいれば、私も「その通り」と、言いたくなります。

顧客の抱える問題を解決する上で、ピッタリのプランを持参し、説明しているのに、先方の課長は、わかってくれない。それどころか、イヤな顔をして、「こっちは忙しいんだ、おたくの説明なんか聞いてるヒマはない」と、追い返さんばかりの口ぶりです。

「御社に一番必要な提案をお持ちして、説明しているのですが……」
「くどい、帰ってくれ」

こんな経験をして、悔しい思いをした営業担当者もいることでしょう。

ところで、こうした「嫌われる説明」とは、どんな説明なのでしょうか。

いくつかあげてみましょう。

①話が長く、時間がかかる
②何度も同じことを繰り返し、くどい
③押しつけがましい
④何を言いたいのか、話がわかりにくい
⑤いらいらした態度で話す

ほかにもまだあると思いますが、代表的なものとして、五つあげてみました。

①②③については、上司、先輩、お年寄りといった人が思い浮かんできます。

——仕事に集中しているときに、上司に呼ばれる。

「今度立ち上げるプロジェクトについてだが、キミはよくわかってないようなので、もう一度説明すると……」

こんな前おきに始まって、以下、長々とした説明を聞かされたら、（またか）とうんざりします。やりかけの仕事が気になって、

「わかってますよ」

などと、つい、口をはさんでしまい、

「わかってないから説明してるんだ」

と、上司からひと睨《にら》みされる。職場でよく見かける、上司と部下の応酬の一コマです。

嫌われる説明の代表が、「長い」「時間がかかりすぎ」です。聞く者を、辟易《へきえき》させます。

朝礼でのスピーチ、会議における発言、プレゼンテーションでの背景説明……。こうした場面では、たいていの人が話し始めると、つい長くなる。上司、専門家、担当業務に詳しいベテランなどにみられる傾向です。

②も③も、「長い説明」と根っ子は同じで、「くどい」「押しつけがましい」説明は、大半が長いと決まっています。④も要領を得ず、

「いったい、何が言いたいの？」

と、イヤな顔をされます。

⑤の場合、わかってくれない相手に、

「どうしてわからないんだ！」

「いま言ったでしょ、ちゃんと聞いてるの⁉」

と、すぐにいら立って、相手を責めてしまうタイプです。怒られると理解力が低下しますから、相手はいっそうわかりづらくなります。

この典型は、子どもに勉強を教えるときの親の話し方です。

嫌われる説明を取り上げて気がつくことは、どれも「相手のことを考えない」で、説明している点です。職場では、仕事を抱えて、誰もが忙しい。**長々とした説明をするのは、相手の身になれない、自分のことしか考えない人間**で、嫌われるのは当然でしょう。

相手のためにするはずの説明が、自分中心の説明になってしまう。よくある例で決して珍しくはありませんが、「ためになるか、ならないか」の判断は相手がすることです。

よく説明をする前に、

「いま、時間、大丈夫ですか」

と、相手の都合を確かめたりします。でも、このあと、平気で長い説明をするようでは、（言葉だけか）と、疑いたくなります。

もし、あなたの説明が嫌われているとすれば、「相手のことを忘れた説明」になっているからです。

▼内容にこだわるとクドくなる

説明が嫌われてしまうのは、「相手のためでなく、自分のため」しか考えていないからでした。

前述の「くどい、返ってくれ」と言われた営業担当者の話を思い出して下さい。彼の説明が嫌われたのも、

（充分、相手の会社のことを考えている）

と、自信たっぷりでしたが、説明の段になって、結局は、相手の課長の都合を考えることを怠ってしまったからです。

――その日、先方の課長は、事業部の会議に社長が出席することになっており、事務局担

当ということでピリピリしていました。職場の空気も、どこか落ち着かないものがありました。

ところが、営業担当の彼は、提案内容にこだわって、

「御社のための提案です。ぜひ、説明を聞いて下さい」

と、課長に喰い下がりました。

ですが、先方の課長は（いま、それどころでない）事情を抱えていたのです。それに気づけば、

「聞いていただきたい提案をお持ちしたんですが、お忙しいようですから、どうしましょう、日を改めましょうか」

と、相手の都合を優先した申し出ができたはずです。

「うん、そうしてもらえると助かるな」

こうなれば、改めて話を聞いてもらうことができ、相手からも、自分の都合を考えてくれていると、感謝されることになります。

以上から、次のように言えるでしょう。

「相手のために説明しているのに、その説明が嫌われるのは割に合わない」

というのは誤りで、

「好かれる説明こそ、相手のためになる説明である」

というのが正しい。

忙しい相手のことを考えれば、説明は短いに越したことはありません。誰でも承知していることです。ところが、意に反して長くなってしまうのは、相手よりも内容にこだわって、

（こんな重要なことを説明するのだから）

と考え、時間に対する感覚が麻痺《まひ》してしまうからです。

好かれる説明ができる人は、相手のために時間の使い方を工夫しています。大事な内容の説明だからと、そのことだけ考えるのでは、相手のイヤがる顔が待っているだけです。

▼気づきをもたらす説明

話の内容はその通りで、もっともな説明なのですが、聞いていて、「面白くない」「心を動かされない」というケースもあります。

嫌いというほどではなくても、もの足りなさを感じさせる説明です。

「説明は物語ではないのだから、面白さを要求されても困る」と、反論した人がいましたが、**ひと工夫することで、「面白いと感じさせる説明」ができる**と思います。

印象に残る、心を動かされる説明とは、ちょっと工夫を凝《こ》らしたにすぎないものかも知れません。でも、話を聞いていると、（そうか）（なるほど）（確かに）と、感じて、なにかに気づかされるのです。工夫のポイントについては、第2章で詳述します。

▼「おや？」がある説明

ここでの「おや？」は、**「ちょっとした思いがけなさ」**のこと。

近頃、あまり使わない言葉ですが、「脇目もふらず」のひと言がピッタリの部下がいて、その彼がニューヨーク支店に転勤になりました。

送別会が行われ、上司が挨拶《あいさつ》の冒頭で、

「T君、英語はブロークンでいいよ」

と、切り出しました。

聞いていた人たちの間に、爆笑が起こりました。

通常、商社の社員が、ニューヨーク支店勤務ともなれば、「T君、まずは言葉の壁を突破して、流暢《りゅうちょう》な英語をマスターすることだ」と、なるところです。でも、T君は「脇目もふらず」タイプ。そこで、上司は意表をついて「ブロークンでいいよ」のひと言。皆を「え？」と思わせ、次の説明で、(なるほど)と納得させたのです。

「キミは有能だが、何事にも夢中になるところがある。海外勤務となれば、夢中が度を越して、あれもこれもと、ヘタをするとパニックになる恐れがある。英語はブロークンだって、充分通じる。それに、支店には英語ペラペラの先輩たちがわんさといる。急ぐことはないさ」

部下を知りぬいた上司の右の説明は、T君の心にあとあとまで残りました。

ここでも言えるのは、好かれる説明は「相手のためにする説明」ということです。

6

説明する力が身につくと、こんなにトクをする！

▼「頭の悪い奴ほど、説明したがる」理由

説明は相手のためにする――。そのことはもう聞きあきたし、それに相手のことばかり考えていたら、肝心の自分がお留守になりはしないか。自分だって、得るものがほしいし、少しはいい思いがしたい……。

こんな思いの人に、

「もちろん、あなたの手に入るものだって、たくさんありますよ」

と、お答えするのが、本項目です。

あなたが手に入れるものの第一は、わかりやすく説明する力です。

かつて、作家の三島由紀夫氏は、

「頭の悪い奴ほど、説明したがる」

と言ったそうです。

三島由紀夫という人は、無類の説明の達人で、著書の『不道徳教育講座』は、そのままならば退屈でわかりきった道徳の内容を、逆説に逆説の連続で、実に面白く、刺激的に書いてあり、

（そうか、こういう見方、わからせ方もあるんだ、なるほど）

と、魅《み》せられてしまいます。この本は、角川文庫に収められていて、いまでも読まれ続けているとのこと。

三島由紀夫の説明力は「天才レベル」で、真似したり、身につけたりできるレベルではありませんが、本書でいうところの「説明力」とは、

「相手がわかっていないことや知りたがっていることを、わかりやすく話す力」

のことです。この力なら、経験と学習によって、誰もが身につけることができます。本書で述べる「説明の仕方」を実践していくことで、説明力は向上します。

▼相手の側に立って考える習慣がつく

あなたが手に入れる第二のものはなにか。

それは、**相手のことを考え、相手に応じて説明の加減ができるようになる**、ということ

です。これは簡単にみえますが、実際には容易なことではありません。個々の場面で、相手の側に立ち、相手の身になって考えることが習慣になっていてこそ、できることです。

冒頭で、(相手のことばかり考えて、自分はどうなるの?)といった不安、不満にふれましたが、相手のことばかりと言っているそばから(自分はどうなるの?)と、自分のことを考えてしまうのが、人間の本性《ほんしょう》のようです。

もちろん、自分は大事です。だから、自分と同じ程度に相手を大事に考える。理屈はわかっていても、いつも自分のほうに傾いてしまうのが人間ですから、説明上手を目指す過程で、「相手の身になって考える」習慣がつくとすれば、これは大きな収穫です。


高齢化社会が進行しています。薬局で働く女性が、年配の男性に、

「今日はお薬、変わりましたね」

と言って、念のために薬の飲み方を確認しようとしました。すると男性は、

「そんなことは聞かんでもわかっている。先生にちゃんと聞いてあることを、いちいちうるさいんだよ」

と、不機嫌な顔をして、怒り出したそうです。

「ひと口にお年寄りといっても、個人差がありますからね。特に七〇代の方には念入りな説明が必要な人と、かえって怒り出す人と、両方いるので、説明の加減が難しいです」

私も年配者なので、彼女の言うことがわかります。相手が丁寧に説明してくれているのに、（年寄りだと思ってバカにするな）などと、受け取ってしまう人も少なくありません。

彼女はいまでは、

「お薬の飲み方ですが」

と、まず告げて、一瞬、相手の様子を観察するとのこと。すると、中には、

「私はわかっているから大丈夫」

と答えて、満足そうな年配者もいるそうです。そういう人には、「お大事に」のひと言ですませればよいわけです。また、

「この薬、ずっと飲み続けていて大丈夫なのかな?」

と、不安そうに相談してくる人や、

「実は飲み残しが一カ月分もあるんだけど、どうしたら……」

と、困った様子で尋ねてくる人もいたりするとか。ここにも「相手の身になって」説

明することの大切さがあるのだ、と気づかされます。

▼説明する人こそ多くを学ぶ

説明を始めたのはよいが、途中で内容に自信がなくなった、という経験はありませんか。自分ではわかっているつもりでも、話し始めてから、内容をきちんと理解していなかったことに気づく場合があります。学生時代、法哲学の授業を受けたときのことです。教授が授業の終わりに言ったひと言が、いまでも、心に残っています。

「キミたちが今日の私の話を理解できたかどうか測る簡単な方法がある」

一呼吸おいてから、こう続けました。

「それは、今日休んだ仲間に、私が講義した内容を話してみることだ。わかりやすく説明できたとすれば、私の話したことを、よく理解できたということだよ」

私は、法哲学の峯村光郎教授に聞いた言葉を、長い間、頭で理解したままでいました。人に説明し、教える仕事についてみて、懐《ふところ》の中にしまっておいた言葉の意味を、初めて強く感じたのでした。

——説明する者が、もっとも多く学ぶ。

説明者が得る大きな収穫が、これです。

▼相手に納得してもらえたときの喜び

「相手が喜ぶ顔がみたい」とは、よく耳にする言葉です。

あるホテルのベテランコンシェルジュは、

「この仕事の最高の喜びは、お客さまに喜んでいただくことです」

と、語っていました。

人間にとって、**相手に喜んでもらえるのは、自分にとっての最高の喜びとなって返ってくるものです。**

説明は相手の役に立とうとして行われるコミュニケーションです。説明した結果、

「あなたの説明を聞いてよくわかりました。なんだか、目の前が明るく開けたようです。ありがとうございました」

と、相手に言われるくらい、大きな喜びはないでしょう。ほかでは手に入らない、説明者が手に入れることのできる最大の収穫が、ここにはあるのです。

第2章

相手に伝わる説明——20のスキル

1 「一発言につき一分」が説明の原則

▼「時は命なり」

アメリカ合衆国建国の父・フランクリンの言葉に「時は金なり」があります。日本でも、よく知られている名言です。

一方、日本での「話し方講座」の創始者、江木武彦氏は、こう言っています。

「時は命なり」

私はこの言葉が好きです。

人間はこの地球に生まれて以来、カチカチと時の音《ね》を刻んで、現在まで生き続けています。生きている間は時が刻まれ、時の音が止まることで、命は終わります。

時間は人間にとって命なのです。

時間のムダ遣いは、命のムダ遣いでもあります。

▼簡潔に話すことを意識する

説明は相手のためにするもの。とすれば、ダラダラと長い説明をするのは相手の時間、すなわち命を粗末《そまつ》にすることになって、相手の「ため」ではなく、「害」になる行為です。

加えて、誰もが忙しい毎日を送っています。時間ばかりかかって、何のことかさっぱりわからない説明をされるくらい、迷惑なことはありません。**簡にして要を得た説明**を心がけるべきです。

そのためには、次の二点を心がけたいものです。

①核心をひと言で言える

短くひと言で表現するには、内容を深く理解する必要があります。自分ではわかったつもりでいても、「それはどういうことか」と問われて説明し出すと、話が長引いてしまうことがあります。

以前、「礼儀とは何か」と、先輩に聞かれたことがありました。くどくど説明したところ、その先輩は、

「礼儀とは、苦手な人に自分から挨拶することだよ」

と、ひと言で表現したのです。

苦手な人、嫌いな相手は、つい敬遠して知らん顔をしたくなります。相手も気がついて、こちらを（好《す》かん奴）と、嫌いになる。だからこそ、逆に、先手をとってこちらから声をかける。

人間関係改善の知恵として、礼儀のなんであるか、その核心を捉えていればこそのひと言だ、と感銘したものでした。

②一分以内で説明できる

あるとき、突然、後輩のビジネスマンから「プレゼンテーションってなんですか」と、質問されました。よく使われるカタカナ語は、日本語に言い換えてひと言で言うのは、意外に難しいものです。

私の場合、「プレゼンテーション講座」を担当していて、日頃から「ひと言で言うと、どういうことか」を考えていたので、「提案型の説得です」と、答えることができました。

あなたの企画、アイデアを説明して理解してもらい、さらに相手から「よし、それでいこう」と、同意、協力を得ること。そのための働きかけを、プレゼンテーションと言います。この場合、相手は複数の人たちです。

「提案型の説明です」と答えたその内容を、一分以内で簡潔に説明すると、右のようになります。説明は長くても「一発言一分間」を心がけること。会議での発言も一分間を原則とします。一分をめどに、簡潔に説明する習慣をつけたいものです。

一回の時間を短く、その代わり、気楽に考えを述べ、意見を言うこと。話すことに馴《な》れると同時に、**短い時間で話せるように、意識して習慣づける**ことです。

普段は寡黙《かもく》なのに、得意分野や趣味の話になると、興に乗って、いっぺんに何もかも喋《しゃべ》ろうとする。その結果、話が長くなる。こんな癖は、早く直したいものです。

小学校の授業でも見かけるのは、発言する子は決まっていて、その上、一気にあれもこれも喋って、時間が長引く傾向です。それに気づいて、一回の発言を短くして、誰もが気軽に発言できるように、気を配っている教師もいます。素晴らしい先生で、子どもたちは恵まれています。

短く話すことは、子どもの頃から身につけておきたい習慣だからです。

2

メリットを前面に掲げて、すぐ本題に入る

▼なぜ前おきが長くなるのか

説明する際、前おきの長い人は意外に多いものです。

自分はどうかと振り返ってみて下さい。

「結構、前おきが長いのに気づいて、驚きました」

との声が、少なくないのです。**気づかずに、前おきが長くなっているようです。**

前おきが長い理由として、次の点があげられます。

①弁解から始める

相手の負担を伴う内容の説明をする場合、反発を恐れて、自分も被害者を装《よそお》い、

「私も、こんな面倒な申し込み手続きは、ないほうがいいと思いますけれど、ウチの会社は、知っての通り、規則がやたらうるさいでしょ。そこへもってきて、昨年の合併以来、いっ

そううるさくなってね。手続きが余計面倒になって、私も困っているんですけど」

といった類《たぐい》の長い前おきをふる人がいます。

これでは、(だったら、そんな説明しなければいいのに)と、聞く気がしなくなります。

②これまでの背景説明をしたがる

「書類の分類の仕方を変えてほしい」

と言われたSさんは、(何をどう変えればよいのか)と思い、相手が説明してくれるのを待っていました。ところが、

「書類の分類については、分類の基準をめぐって、過去にもいろいろ問題がありましてね。もともと、効率が悪いから、そこを変えようとして行うものなのに、やり方を変えると、今度また、別の問題が発生したり、その結果、基準がはっきりしないなどの苦情が出たりして、特にこの前のときは……」

などと、過去にどんな事情があったかを話し始めて、肝心の「どう変えたいのか」の説明が一向に出てきません。

「私、こうみえても忙しいんですよ。要するに、どこをどう変えればいいのですか」

いらいらして、Ｓさん、怒り出してしまいました。

③相手の興味をひきたくなる

話し好きな人は、相手の状況に関係なく、
「昨日、広告会社の人から、面白い話を聞いてね」
などと、前おきにお喋りをします。そして、その話が長引くのです。

▼説明に長い前おきは不要

説明するときは、一刻も早く、本題に入るべきです。とりわけ、前おきの長い話は思い切って、はぶく必要があります。

先の「書類の分類の仕方を変える」などの場合、負担よりも**相手にとってのメリットを話して、すぐ本題**に入って下さい。自分が話したいこと、イコール、相手が聞きたいこととはかぎりません。相手が知りたいと思っていることを真っ先に話すようにしましょう。

説明会などで、時間が余ったら、質疑の時間に使うこともできますので、時間をもてあます心配はありません。長い前おきは、聞き手をいら立たせるだけです。

3 「句読点」を多用して、センテンスは短く！

▼「句読点」で話の区切りを鮮明に

句は「。」のこと。読は「、」のこと。

説明がダラダラ聞こえるのは、句読点での区切りがはっきりしていないからです。

次の自己紹介（自分についての説明）を、声に出して読んで下さい。

どうも、わたし福田と申しますが、出身地は山梨県の甲府というところで、甲府駅前には武田信玄の銅像がありまして、ええ、武田信玄は山梨の英雄でみなさんも御存じと思うのですが、私は甲府市の以前は百石町《ももいしまち》と言っていたところ、いまでは丸の内と名前が変わりまして、そこの生まれです。

先日、青森県の八戸《はちのへ》市に用事があって出かけたのですが、その八戸市の近くに「ももいしまち」というところがあって、「百石町」と書くのだそうで、甲府市と八戸市、ずいぶん離れた場所に同じ字の町名があるものだと、不思議な気がして知り合いに話したところ、かつて山梨には南部氏という豪族がいて、南部氏が青森に移り住んだということで、そのためでは、という話でしたが……。

句読点が少なく、特に「。」が極端に少なくて、こんな話し方をしていたのでは、

「いかにもダラダラした、わかりにくい話」

という印象を与えてしまいます。

▼センテンスはできるだけ短めに

先の例でいえば、最初の、

「どうも、わたし福田と申しますが」

のところを、

「こんにちは。福田と申します」

と変えるだけでも、すっきりします。

自己紹介ですから、名前の説明も入れて、次のように話してみたらどうでしょう。

こんにちは。福田健です。名前は健康の「健」で、たけしと読みます。出身地は山梨県の甲府市です。甲府駅前には武田信玄の銅像があります。武田信玄は戦国時代の武将で、山梨の英雄です。みなさん、よく御存じですよね。私は甲府市の百石町、いまは丸の内と名前が変わりましたが、そこで生まれました。

「、」を増やし、特に「。」を多くして、センテンスを短くしました。センテンスを短くすると、**主語と述語の距離が近く**なって、それだけ**話がわかりやすく**なります。

後半の八戸市と甲府市の話は、センテンスが長いため、話のつながりがはっきりしなくなっています。その分、話がわかりにくくなります。

説明での話は、句読点を多くとり、センテンスを短くするようにしましょう。

4

「接続詞」を使うと、話にメリハリがつく

▼接続詞で前後の関係をはっきりさせる

「〜で」「〜ですが」「〜でして」と、語尾を「。」で止めずに、なんとなく流していく話は、前後のつながりが曖昧《あいまい》でわかりにくいことを、先の「自己紹介」を例にとって解説しました。

ここでは、接続詞との関係で、再度検討してみることにします。自己紹介の後半部分は、次のようでした。

先日、青森県の八戸市に用事があって出かけたのですが、その八戸市の近くに「ももいし町」というところがあって、「百石町」と書くのだそうで、甲府市と八戸市、ずいぶん離れた場所に同じ町名があるものだと、不思議な気がして知り合いに話したところ、かつて山梨には南部氏という豪族がいて、南部氏が青森に移り住んだということで、そのためでは、という話でしたが……。

「ですが」「そうで」「ところ」「ことで」などを、「。」で止めると、そのあとを接続詞でつなぐことができます。そこで、実際に接続詞を入れて、後半部分を再現してみましょう。

ところで、先日、青森県八戸市に用事があって出かけました。そこで、地元の人たちから、八戸市の近くに「ももいし町」という町があり、「百石町」と書くとのこと。甲府市と八戸市、ずいぶん離れた場所に、同じ町名があるものと、不思議な気がしました。そのときは単なる偶然ぐらいにすませていました。東京に戻ってから、ふと思い出し、知人に話しました。

すると彼は、「いや、偶然じゃないね」というのです。彼によると、かつて山梨には、南部氏という豪族がいて、その南部氏が何らかの事情で、八戸市のあたりに移り住んだのだ、とのことです。

つまり、南部氏が八戸に来て、同じ「百石町」という町名をつけたのだ、というわけです。俄《にわ》かには信じがたい話です。しかし、私は興味をひかれました。

いくつも話を付け加えたので、分量が倍近くに増えてしまいました。前半部分を含めての全体の字数でいうと、五百字弱、話す時間として、一分強です。

「。」を多くして、前後を接続詞でつなぐことで、関係がはっきりしてきました。そこへ、さらに補足説明を加えたので、全体にわかりやすくなったと思います。

センテンスを短くして、接続詞を有効に使う。あなたも、試してみて下さい。

（なお、二〇〇六年、八戸市の百石町はおいらせ町へと名称が変わったとのことです）

▼主な接続詞の種類と役割

接続詞を有効に使うためには、その種類を知り、意識して使うことです。

「。」で止めた話を次の話につなぐのにどんな接続詞があるか、次ページの表に整理しておきましたので、ご覧下さい。

接続詞は文章で多用すると、うるさく感じられることがあります。あえて使わずに、読み手に補ってもらう書き手もいます。

話し言葉では、その瞬間ごとに言葉が消えるので、つなぎの言葉があると、前後関係がはっきりして、説明がダラダラしなくてすむのです。

主な接続詞の種類

POINT～接続詞の種類を知り、意識して使うこと～

① **順接**	前の話をそのまま受けて、あとにつなげる。	そして そこで ですから したがって
② **逆説**	前の話を受けないで、逆の関係としてつなげる。	しかし ですが けれども ところが とはいえ
③ **転換**	前の話題を別の話に変える。	ところで さて ときに 話は変わりますが
④ **促進**	話を先に進めるために使われる。	それでね それから 次に そこで
⑤ **疑問**	前の話に対する疑問、反問として使われる。	まさかと思ったけど それにしても なぜだろうか どういうわけか
⑥ **仮定**	うまくいっているように見える現状についての真偽の仮定について。	もしかしたら ひょっとすると はたして あるいは
⑦ **要約**	前の話を総括して確認し、次の話につなげる。	つまり ということは

▼「〜が」の使い方には要注意！

たとえば、「上野の美術館に行ったのですが」の「が」は、「やはり素晴らしかったです」と「順接」に使ったり、あるいは「女性はタクシーの運転手には向いていないと言われますが」では、「私は向いていると思います」と逆接にも使ったりします。

つまり、「〜が」は順接・逆接どちらにも使えるので、聞き手を戸惑わせる表現です。

「昨年はうまくいきましたが、今年も頑張ります」
「昨年はダメでしたが、今年は頑張ります」

これを「が」を使わず、「ました」「でした」で区切ると、次のようにすっきりします。

「昨年はうまくいきました。だから今年も頑張ります」
「昨年はダメでした。でも、今年は頑張ります」

「〜が」を口癖にしている人は改めましょう。

5 「時間の流れ」にそって説明すると混乱しない

▼「どの時点」かを正確に示す

話を聞いて理解するには、何らかの手がかりが必要です。

人は、時間の流れの中で生きています。

相手が話している出来事が現在進行中のことか、これから起こると予想されることか、すでに過去となっていることか――どの時点の話かが定まらないと、混乱してきます。

電車の中で、五歳くらいの男の子が、母親に問いかけました。

「ねえ、ママ、今日は明日《あした》のこと？」

母親は一瞬、戸惑ったようでした。

「え？　なんて言ったの、もう一度言って」

「だから、今日は明日なんだよね」

「なに言っているの。今日は今日に決まっているわよ」

「でも、昨日言ってた日が今日なんじゃないのかな」

ここで、母親はピンときたらしく、諭《さと》すように、こう言いました。

「あのね、ヒロ君。昨日話していたのは明日のことで、一晩たったから、昨日の明日は今日になったのよ。だから、今日という日は昨日からみれば明日だけど、いまは今日なのよ、わかった？」

ヒロ君の顔を見ながら、母親はため息をつきました。

「もう、変なこと言わないでよ、私までおかしくなっちゃったじゃないの」


この電車の中の出来事がいつのことだったのか憶えていません。はるか十年くらい前かも知れませんが、不思議に、鮮明に記憶に残っています。

大人だって、これに似たおかしな説明をやりかねません。


「キミ、営業部長に電話して、今日の午後、打ち合わせができないか聞いてくれないか」

こう言われた部下は、即座に答えました。

「それはムリです。明日は出かけるって、部長がおっしゃっていましたから」

「明日出かけるんだったら、今日はいるってことだろう」

「いえ、昨日部長から連絡があったんです、明日は出かけるって。昨日の明日ですから、今日のことなんですよ」

「早くそれを言ってくれ。話をややこしくするなよ」


部下が、昨日の時点で説明しているところに問題があります。

「実は、昨日、営業部長から明日は出かけると連絡がありました。ですから、今日はムリです」

と、**時間の流れにそって説明**すれば、すぐにわかる話です。

「先週の木曜日に話に出た著作権の件ね。弁護士に相談したっていう話だけどね」

「そんな話、オレは聞いてないよ」

「一緒にいただろう、そのとき……」

問題は「そのとき」がいつなのかです。

▼時系列でまとめると理解しやすい

「そのとき」とは、先週の木曜日より二日前の火曜日のミーティングでのこと。そのミーティングに、彼は出席していなかったのですから、「オレは聞いていない」のは、ムリもないわけで、彼からすれば、（そう言われても、なんのことかわからない）はずです。

「先週の火曜日のミーティングで出た著作権の話だけれどね」

「ああ、その日、富山に出張でいなかったんだ」

説明は、**いつの時点での話か、特定して、時の流れにそって話す**ようにしたいもの。

説明がわかりにくい原因の一つに、時間軸がズレていたり、過去の過去に飛んだりして、定まらないというのがあります。これが、意外に多いのです。

いろいろな出来事が起こって、事態が錯綜《さくそう》しているときなど、

（今日、朝から何があったのか、時間の流れにそって整理してみよう）

と、その日一日のことを時系列で並べてみると、

（そうか、そういうことか）

と、事態がはっきりして、理解しやすくなります。

6 遠回しは避け、話はあくまでシンプルに！

▼まわりくどいと嫌われる

辞書で「まわりくどい」を引いてみると、こう載っています。

・直接的でなく、遠回りでわずらわしい。「まわりくどい説明」――岩波国語辞典――

・話などが中心に進まないで、あちこち余計なところにふれる。「まわりくどい説明」――角川必携国語辞典――

二つの辞典ともに、「まわりくどい説明」と用例が載っているのは、まわりくどさは説明にもっとも結びつきやすい言葉だからでしょう。

こうした「まわりくどい」表現の特徴は、

「遠回しな言い方をする」

「何度もしつこく言う」

「話が入りくんでややこしい」

と、いったところにあります。

まわりくどい説明をされた相手はどんな気持ちになるか。（いらいらする）（うるさい）（煩《わずら》わしい）などの感情を抱くはずです。

まわりくどい言い方は、マイナスばかりでよいところは何一つありません。それなのに、なぜ、まわりくどい説明をする人がいるのでしょうか。

原因の第一は、人から単純だと思われたくない、物事を複雑に深く考える人間に思われたい、という気持ちがあるからです。現に、私がそうなのです。

説明する相手に、（なるほど、突っ込んだ内容だ）と感心してもらおうと、（まわりくどく考えるからこそ、多くの可能性が生まれ、新しい発見もあるのだ）との思いから、あえて説明を込み入らせます。さらに、（とはいえ、人間は単純を好む。かつての小泉首相の話がよい見本だ）（しかし、現実はそんな単純なものではない）などと行ったり来たりして、最後に、やっと落ち着く先は……。

（説明はシンプルであるのがよい）

なんとも、面倒な話になってしまうのです。

▼気がねをするから、遠回しな言い方に

第二の原因が、遠慮、気がねです。

本当は率直に言いたいのに、（相手に悪い）（睨まれるに違いない）などと恐れて、はっきり言うのを避けて、遠回しな言い方になるのです。

回り道をするため、相手にわかってもらえず、相手にしても、（いったい、何が言いたいのか）と、いら立ちます。

結局、まわりくどくなる原因は一つです。**自分にとらわれ、「相手のため」を忘れているからなのです。**

気がねをせずに、単純にストレートに表現すれば、わかりやすくなり、時間も短くてすみます。

自分が頭の中で、あれこれ空想を楽しむなら、回り道、寄り道は大いに結構。ただし、説明で回り道は避けるべきです。

7

「ポイントは三つ」——説明するときの基本のキーワード

▼「三」は何事にも便利な数字

ある職場でのこと。

①先手で
②明るく
③プラスひと言

「挨拶の仕方」について、この三つが標語のように壁に貼ってありました。わかりやすく、かつ、核心をついており、見事です。

第一に、先手ですること。人に会ったら、自分から先に挨拶をする。自分も気分がいいし、相手にも親近感がわいてきます。

第二に、笑顔で明るく。笑顔は味方をつくるとも言われます。

第三に、「おはよう」プラスひと言。「おはよう」は誰に対してもかける言葉。プラスひと言は、その人用の言葉になります。声をかけるというのは、その人に関心を示すことです。

以上、三つ。簡単でしょう。早速、実行してみましょう。


三という数字は、物事をまとめるのに便利です。

私の知り合いは、人から質問されると、こんなふうに答えるそうです。

「そうね。ポイントが三つありますね」

答えが三つなくても「三つある」と言って、「第一に」と一つあげると、話している間に、三つにまとまってくるそうです。

▼聞き手は心の準備ができる

説明を受ける側も「ポイントは三つあります」と予告されると、心の準備ができます。話の途中で、「それから」「次に」「さらに」と、どんどん追加されると、うんざりしてしまいます。

三つなら、多すぎもせず、少なすぎもせず、手ごろなのです。

さらに、「三つ」はすわりがよいのです。

三拍子、三条件、世界三大美女……と、三でまとめる言葉がよく使われるのも、「三つ」なら安定感があり、理解しやすいからでしょう。

私は人から話を聞くのに、二人に聞いたあと、もう一人の人からも話を聞くようにしています。三人合わせると、事の全体像が見えてくるのです。「三人寄れば文殊《もんじゅ》の知恵」とはよく言ったものです。

「正・反・合」の過程を経て、考えは練《ね》れて、確かなものになっていきます。

「ポイントは三つ」――これは説明するときの基本的なキーワードです。

8 詳しすぎる説明は有難迷惑で逆効果！

▼十あれば、二つ、三つに絞り込む

道を尋ねて、詳しく説明されると、かえって閉口《へいこう》することがあります。

右とか左とか、三番目の信号を渡るとか曲がるとか、多くを言われて、頭が混乱するからです。親切心から、一生懸命説明してくれるのですが、こちらにすれば、有難迷惑です。わからない上に、申し訳ない気持ちが重なって、話を遮《さえぎ》るのに一苦労です。

私もかつて、

「知っていることを全部話すものではない」

と、言われたことがありました。心配性で、(全部話さないとわかってもらえないのでは)と、不安に思っていたのです。

でも、本当はそうではなく、(あれもこれも、みんなわかってほしい)という気持ちからで、つまり、欲張りだったのです。

セミナーがあるのに、風邪をひいてしまったことがあります。喋ると呼吸が苦しくなるため、説明するのに、最小限、必要なことだけを述べました。十あるうち、二つか三つに絞《しぼ》って話したのに、受講者からは、なんと、

「今日の話はわかりやすかった」

という反応が返ってきたのです。これは発見でした。それまで、聞く人のことを忘れていたことに気づきました。

話を聞いて、理解することが、いかに大変なことか。聞く人の身になってみれば、詳しい説明はむしろ逆効果であることに、思い至るべきだったのです。

▼聞き手の負担を軽くする

こちらから何か聞こうとしている場合でも、人は長い話、詳しい説明をされると、嫌気《いやけ》がさしてしまうものです。

聞くのは、大変だからです。耳と目、その上頭を働かせて、集中して聞くのは疲れます。

「話を聞くと眠くなる人は？」

とのセミナーでの質問に、七〇パーセントの人が「ハイ」と答えています。

説明する人は、**聞き手の負担を可能なかぎり少なくする**ことが肝要です。たくさん喋って負担を増やせば、わかるどころか、聞く気さえ失わせてしまうことに気づくべきです。

おまけに、話し言葉は音声で、聞くそばから消えていきます。

忘却曲線で知られるドイツの心理学者・エビングハウスによれば、人間の記憶は、聞いて二〇分もすれば、四二パーセントも忘れ去られてしまうそうです。

・集中して聞くこと
・聞いたことを記憶すること
・内容を正確に理解すること

いずれも、聞き手にとっては容易なことではありません。話し手は、内容を一点に絞り込んで、

（このことだけでも、わかってくれれば充分）

との心がまえでのぞみたいものです。

9

繰り返し「確認」すると、理解が深まる

▼人間は忘れる動物である

わかりやすく説明したつもりなのに、聞いたそばから忘れてしまう。決して、珍しいことではありません。

「聞き手が共通して持つ傾向として、四つあります」

研修でその四つを説明したあとの休憩時間に、

「さっきの四つですけど、なんでしたかね？」

と、聞きにくる人がいました。

気になって次の授業が始まったとき、受講者に質問してみると、四つとも憶えている人は半数もいませんでした。

私はその授業の終わりに、

「今日話した聞き手の示す四つの傾向は、どんな聞き手にも共通して見られる傾向で、聞き手の本質と呼んでいます」

と、付け加えました。

ちなみに、聞き手が示す傾向とは、「あきやすい」、「場の影響を受けやすい」、「警戒心と親近感を併せ持っている」、「内的条件が変化しやすい」の四つです。

ところで、こんな言葉があります。

「人間は忘れる動物である。忘れる以上に憶えることである」

忘れる以上に憶えるにはどうしたらよいか。**何度も繰り返すことで、記憶に定着させる**のです。繰り返しインプットされた知識は定着するからです。

よく、「一度説明したのだから、わかっているはずだ」と、言う人がいます。

案に相違して、わかっていないどころか、記憶さえしていない相手に、

「ダメじゃないか、一度言ったら、ちゃんと頭に入れておくものだ」

と、腹を立てますが、これは腹を立てるほうがお門違《かどちが》いです。

一度言ったことでも、何度か確認しないとわかってもらえないものです。人間は一度聞

いてわかったことでも、時間がたつと、記憶から消えてしまうからです。

たとえば上からの方針などは、朝礼でたびたび説明し、仕事中でも折にふれて説明し、合言葉になるくらいまで徹底して繰り返します。そうしないと、一人ひとりに浸透していかないのです。

▼短期記憶の長期記憶化とは

記憶には、その場で記憶する短期記憶と、長期にわたり保存しておく記憶があります。人は短期記憶として一時的に保存したものを長期記憶に送り込んで、長らく蓄《たくわ》えて、必要に応じて引き出して使うわけです。短期記憶は容量が小さいので、一度に多くの話を聞いても、受け入れられません。

情報は絞り込めと説く理由が、ここにあります。

聞いたことは、短時間しか記憶にとどまっていません。忘れないうちに、繰り返し確認する必要があります。

テレビで、西オーストラリアの国立公園を映し出していました。その景色の素晴らしさに見とれているうちに、公園の名前を忘れそうになり、慌《あわ》ててテレビの片隅に書かれた字幕を見て、「パヌルル公園」と確認しました。

確認して、短期記憶にとどめた記憶を長期記憶に送り込んで、定着させるのです。聞いたことを短期記憶にとどめられずに、すぐに忘れる現象を「前向性健忘《けんぼう》」というのだそうです。

この傾向が見られる人には、**二度、三度と確認したり、あるいはメモに書いて渡して、短期記憶に残してもらう**ようにして下さい。自分が「前向性健忘」であると思ったら、何度も復唱するなり、メモするなりしておくことです。

「手を変え、品を変え」という言葉があります。大事な説明は、この方法で何度も繰り返し、しっかり届けるのです。

話を聞いてそのときは理解したつもりでも、時間がたつと、わからなくなることはしばしばあります。

説明する側が、ポイントごとに振り返って、「いま、説明したことは……」と、それまでのまとめを言ってあげると、記憶に残り、理解も確かなものになります。

10 相手に「質問」して理解してもらうという奥の手

▼質問で相手に気づかせる

用地交渉の担当者を対象に、「交渉力向上セミナー」が開催されました。

頼まれて、そのセミナーの講師を担当したときのことです。セミナーの冒頭で、「交渉で一番重要なのは、相手を知ることです。相手を知るもっとも有効な方法は、話を聞くことです」

と、話し始めました。すると、前のほうの席の女性が手を上げて、問いかけてきました。

「聞くというのは、話すということですよね」

実は、私もこれまで「聞くことは話すこと」と説いてきたので、興味を覚え、休憩時間にその女性に質問してみました。

「なぜ、そう思うのですか」

「用地交渉の仕事を担当して二年目になるのですが、最初は戸惑うことばかりでした。あるとき、先輩から、キミは人に好かれるほうだから、相手の話を熱心に聞くことだ、と言われたのです。それで一生懸命聞いていたら、わかってきたのです。聞くというのは話すということだって」

私は（そうなんですよ、聞くことはまさに話すことなんです）と言いたい気持ちをおさえ、「どうわかったのですか」と、質問しました。

「たとえば、地主の方から、女に何がわかるんだと、見下すような言い方をされることがあります。でも、私は怒らないで、こんなふうに聞いてみるのです。

『ですから、いろいろ教えて下さい』

『教える？　何を教えるのかね』

『地主さんの田圃《たんぼ》には真ん中に大きな木が立っていますね。ずっと昔からあったのですか』

また怒られるかなと思っていたら、地主さんは『うーん』と言って腕組みをしながら、話してくれたのです。その木は地主さんの自慢の大木で先祖代々のものとのことでした。

『だけど、あの通り真ん中にあるので、邪魔になることもあるんだがね』

気がついてみたら、地主さんと私は田圃の木をめぐって、会話をしていたのですね。このとき、思ったのです。聞くっていうのは、ただ聞くだけではなく、こちらも話すことなんだなァって」

聞いて返す、その**返し方がまさに話すことで、以後のやりとり**へとつながります。もし彼女が、「女に何がわかるんだ」との地主の言葉に対して、「そんなこと言われても」と、硬い表情で言い返していたら、「忙しいんだ、帰ってくれ」で、話は終わってしまったことでしょう。

彼女の話を受けて、私は右の補足説明をした上で、さらに質問してみました。

「ほかに、聞いてうまく返せた例はありますか」

セミナーの参加者も、彼女と私のやりとりを聞いて、興味を覚えたのか、まわりに集まってきました。

▼考えさせて「わからせる」方法

彼女の話の続きです。

「一週間後に、先ほどの地主さんを訪問したのです。気難しい顔をしてこう言うのです。

「土地を売る気はない」

「土地は売らないということですか」

「絶対売らんよ」

「困りました。どうしてですか」

「昨晩、夢をみてな。夢に神様が出てきて、お告げをされた」

「神様が出てきたのですね」

「そうだ、神様が夢に出てきて、土地は絶対に売るなと言われた」

なんだか笑い出したくなって、でも、そこはこらえて言いました。

「神様はよく夢に出てくるのですか」

「よく出てくる。そして、お告げがある」

「今度出てこられたら、この地域が繁盛するためにも、どうか土地を売るようにと、お願いして下さい」

神様は明らかに作り話ですけど、それに乗った振りをして、こう言ったのです。たまたまそこに、息子さんのお嫁さんがお茶を持って入ってきて、

「また、神様の話ですか」

って言ってくれたものですから、地主さんも、困った顔をして、

「おまえは黙っておれ」

と言いながら、いつのまにか世間話になりましてね。帰りがけに、

「この次、書類を持ってうかがいますので、よろしくお願いします」

って、念を押して、お暇《いとま》しました」


私は彼女の話の補足説明をする代わりに、まず参加者に五つのグループに分かれてもらいました。そして、彼女の事例を参考に、各自の体験を振り返りながら、

「相手の話を聞いたあと、どんな返し方をすれば交渉が前進するかについて、話し合ってポイントをまとめて下さい」

と指示をして、三〇分間、話し合ってもらいました。

その結果出てきた「返し方のポイント」は、私が講義で説明する予定のものと、ほとんど同じでした。

すなわち、次の三つです。

①相手の話は否定しないで受け止める
②話を聞きながら、返し方を考える
③視点を変えた提案をして返す

これらの三つのポイントを、受講者に説明してわからせるのではなく、考えさせて、自分で答えを出してもらうわけです。手順としては、最初に考えるための事例を提供し、次に質問をして考えてもらい、最後に考えた答えを発表してもらいます。研修では、しばしばこの方法が使われます。

説明は「わからせる」のが目的ですから、いかにわかりやすく話すかが中心課題です。とはいっても、何でもわかりやすく話せばいいというものではありません。目的が「教える」「気づかせる」ことにある場合は、相手に応じた工夫をして下さい。

こちらから一方的に説明するだけでなく、相手にも考えてもらう場合もあります。その際は「考える」ためのヒントを投げかけて、相手の理解を促すのです。

11

相手の「手応え」を確かめながら進める

▼「見る」のではなく「観る」

反応を確かめる方法、それは話を聞いている相手を、よく観察することです。

説明することに夢中になると、一方的に話してしまったりします。相手がわかったかどうか、確かめるのを怠りがちになります。

説明したことへの理解度は口に出して言ってもらわないかぎり、相手の心の中のことですから、把握が難しい。すなわち、肝心なことは目に見えないのです。

だから見落とすのでもあり、だからこそ、よく見ることが大事です。そうはいっても、「本当に見ている人」は案外少ないのではないかと思います。**見ているようで、実際にはぼんやり眺めているだけ**のことが多いからです。

人の心は、なにかに反応すると外にあらわれます。その気になれば観ることができます。「観る」すなわち「観察する」のです。

▼相手の反応を観察する

久しぶりに会うと、その人の変化に気づかされます。

「逞《たくま》しくなったね」

「現場で鍛えられてますから」

こんな会話にも、変化はあらわれています。

毎日見ていると、見馴れてしまい、変化を見落とすこともあります。


「人は日常を一番観察していない」

詩人の長田《おさだ》弘氏は、ある対談でこう語っています。


説明しながら、観察力を働かせ、反応を確かめるには、日頃から意識して観察力を養う必要があります。

特に、話を聞いているときの相手の姿をよく観て下さい。たとえば、姿勢、表情、頷《うなず》き方・相槌《あいづち》の打ち方など。そうすれば、説明を聞いているときの反応が、いつもと違うか変わらないか、把握できるようになります。

相手が初対面の場合は、第一印象にとらわれないこと。説明しながら、どこで、どんな反応を示すか、虚心になって目を向けて下さい。

▼区切りごとに「間」をとる

話の間《ま》は、相手と自分の呼吸を合わせるためのものです。間がない話は、相手をおいてきぼりにするようなもの。間をとって、相手を観察します。なにか言いたそうな素振りの人には、質問を促します。

「ここまでで、なにか質問は？」

と、問いかけてみるのです。

「別に」「特に」など、曖昧《あいまい》な答え方の人は、よく聞いていなかったのかも知れません。

「最初の一と二のところで、問題とか疑問とか、ありませんか」

と促して、理解度を確かめてみましょう。

マニュアル通りに、最初から一通り説明してしまうやり方は、話し終わったとき、質問や反論が出て、二度手間になる恐れがあります。話しながら、相手の理解度を確かめる方法を身につけることです。

また、説明の途中で、相手が首をかしげているようだったら、そこで話を止めて、「いまの個所ですが、よろしいですか」と、相手に発言を促してみるのも一つの方法です。

説明上手になるための
「観察力」の養い方

POINT
〜相手の反応を確かめながら説明する〜

---

① 姿勢

いつもどのような姿勢か
座り方、手の位置、腕組みの有無
など

---

② 表情

感情が顔に出るほうか
目はどこを見ているか
話すときの表情はどうか
など

---

③ 頷き方・相槌の打ち方

どのようなタイミングで、
どんな頷き方をするか、相槌を打つか
今回、特に変わったところはないか
など

12 「諺」ひとつで話が引き締まる

▼諺のストックを増やす

多くを説明しなくても、たったひと言で、人間の心理や物事の核心をわからせてしまう諺《ことわざ》とは、なんとも便利で、有難い、貴重な言葉の宝物です。

こんなすぐれた言葉の技を使わない手はありません。事実、人は無意識のうちに諺を使っているのです。ですから、もっと意識して、説明のために「諺」を使おうと言いたいのです。

格言・名言・名句などさまざまですが、短くて的を射たひと言であれば、一括して「諺」と呼んで差し支えありません。そこで、心がけたいのが次の諸点です。

①諺に関心を持ち、収集してストックを増やす
②説明の際、ピッタリと思える諺を使ってみる
③説教口調の押しつけにならない

①については、手元に「ことわざ辞典」を備えておいて、折にふれて目を通すとよいでしょう。諺は、読むだけでも充分面白く、また楽しめます。古今東西の「名言集」などもあります。②と③については、次に述べることにします。

▼適切な諺で話を締めくくる

説明をしている際、内容にふさわしい諺が浮かぶことがあります。そんなときは、**諺で話を締めくくるとよいでしょう。**

私には、モットーにして実行している諺があります。実行しているので、必要なときに、いつでも口をついて出てきます。そんな諺を、みなさんも一つ二つ持ち合わせていることでしょう。

私にとっては、「思い立ったが吉日」がそれです。

大手電機メーカーの社内報で、「話し方講座」の特集を組むという話があって、私が解説者として呼ばれました。

先方は、男女の社員五人と社内報担当者で、「話し方講座」の内容、授業の進め方、どんな人たちが参加しているのか、といった点について話し合いが行われました。

最後のほうになって、こんな質問がありました。

「話し方講座を受講するのに、一番いい時期というか、年齢といいますか、そういうものはあるのでしょうか。私のような、もう五〇を過ぎた者では遅いですかね」

さてと、一瞬考えましたが、すぐに「思い立ったが吉日」の諺が浮かんできました。「受講してみようかと、思ったときがチャンスです。やろうと思ったそのときに、受講する。『思い立ったが吉日』なんです。

定年間近でも遅くありませんし、入社したばかりの新入社員でも、早すぎることはありません。勉強しようと思ったそのときが、吉日なのです」

私はこんなふうに答え、説明しました。

▼諺には「人を動かす力」がある

諺は短い言葉の中に「生活の知恵」や「人とのつき合い方」「人生の真実」といった内容が凝縮されていて、インパクトの強い言葉です。その上、「イメージが浮かびやすい表現」なので、状況がパッと目に浮かびます。

「猿も木から落ちる」

「絵に描いた餅《もち》」

「二階から目薬」

一度聞いただけで、目に焼きつきます。


大型店の進出を恐れている商店街の人たちに、「必要以上に恐れるのではなく、なんらかの対策を立てるのが先」という説明をしたとき、

「みなさん、諺にも『山より大きな猪《いのしし》は出ない』というではありませんか」

と話したところ、何人もの人が「そう言えばそうだ」と頷いてくれた経験があります。

諺の持つ力です。

大型店を猪に見立てて、

（山が押し寄せてくるわけではない、恐れるに足りない）

と気づけば、気を取り直すこともできるでしょう。

13 誰もがピンとくる「数字」で核心をつく

▼具体的に展開するには数字が有効

新聞に載る解説記事の大半は、数字によって説明されています。

近頃話題の「空き家問題」についての新聞記事を例にとると、まず、空き家が増えている**実態を、数字で明らかにする**ことから、解説が始まります。

たとえば、こんなふうにです。

二〇一三年の「住宅・土地統計調査」によると、空き家の数は、八二〇万戸。日本の総住宅数に占める割合は、「一三・五パーセント」「七・八軒に一軒が空き家」となっている。二五年前のほぼ倍に増えており、都道府県別の空き家率では、一位が山梨県で一七・二パーセント、以下愛媛、高知、徳島と四国勢が続いている。

このあと、空き家が多いと、①家屋の倒壊、②治安の悪化、③景観の悪化、④不衛生など、近隣に悪い影響を及ぼすので、その対策が述べられていました。

また、私がいま気になっているのは海水温度の上昇によって、超大型の「スーパー台風」が日本に上陸するのではないか、という問題です。

このことを人に説明するにも、数字が有効です。

台風は熱帯低気圧が風速一七・二メートル以上になったものですが、「スーパー台風」とは、風速がなんと六〇メートル以上のものをいい、二〇一四年、フィリピンをおそった「ハイエン」は、風速九〇メートルの暴風が吹き荒れたそうです。

スーパー台風発生のメカニズムには、海面の水温が二六度に上がり、それも表面だけでなく、深さ一〇〇メートルの海水温度まで二六度に上がったことが関係しているとのことです。

詳しい説明ははぶきますが、九〇メートル級の風と一〇メートルに達する高潮《たかしお》とが、日本をおそったらどうなるか。一刻も早く対策を講じるべきだと思いませんか。

▼数字を使ってイメージさせるコツ

人前で話すときの声の大きさは、「普段の声の二割増しです」というだけでは、どれくらいの声量なのか、ピンときません。そこで、

「電車の中で、向かいの席に座った友達に話しかけるくらいの大きさ」と、身近なことに言い換えて話すと、わかりやすくなります。フリーアナウンサーの福澤朗《あきら》氏の説明をお借りしました。

大きさをあらわす数字も、巨大な数字で言われますと、想像がつきません。よく、東京ドームの何個分という説明を聞きます。西オーストラリアのパヌルル公園の広さは、「東京ドーム五万個分」と言われて、ピンときますか。

一方、兵庫県の姫路城の敷地は、「六万五〇〇〇坪で、東京ドーム四個分」という説明なら、大体の見当がつきそうです。

数字を示すことで、イメージが浮かびあがり、事態が明らかになると、聞き手はすぐに理解できるのです。

数字を敬遠しないで、わかりやすく説明するために、味方にしたいものです。

14 対比して「違い」に気づかせる説明のコツ

▼日常よく使われている対比法

物事は二つに分けて比較すると、両者の違いがはっきりしてわかりやすくなります。「苦労してまるくなる人、とがる人」などの対句は、この手法による表現法の一つです。
「二人は対照的だ」という言い方をすることがあります。

「ウチの課には、対照的な二人の女性がいてね。一方は頭がよくて仕事ができる半面、気が短くて、言い方がきついものだから、まわりから警戒される。もう一方は、頭も仕事も普通で、中くらい。ただ、穏《おだ》やかでものの言い方もやさしいので、まわりから好かれている」

前者の女性はハキハキものを言い、テキパキと事を進めるので目立ちますが、後者は静かでゆっくりなので、影がうすいとのこと。目立たず忘れられがちな後者の女性も、前者と比較して説明すると、良さが浮かびあがってきます。

技術が猛スピードで進歩しています。新製品が次々に売り出されます。販売する人は、新製品を前の製品と比較して、どこがすぐれているかを説明します。

価格、品質、機能、形状、デザイン……」など、以前のものに比べて、いかに新製品がすぐれているかを説明します。たとえば、

「前のと、今度新しく出たのとを、聴き比べてみて下さい。新しいほうがはるかに繊細な音でしょう」

といった具合です。

男女の違いについて、名言を吐いた人がいます。

「女性は存在であり、男性は現象にすぎない」

免疫学者の多田富雄氏です。

これを聞いた女性がどれだけ勇気づけられたか、それは計り知れないものがあると、知人の女性から聞きました。一方、現象にすぎない男性はさぞ力を落としたことでしょう。

以来、草食系男子が増えたとは、私の勝手な推測にすぎませんが……。

▼対比するとポイントが浮き彫りに

平和憲法を持つ日本は集団的自衛権を行使できるのか、そもそも「集団的自衛権」とはなにかがわからないという人がいます。

国を守るための自衛権には二つあります。一つは自分の国を守るために攻撃されたら攻撃し返す権利で「個別的自衛権」。もう一つはほかの国が攻撃されたとき、その国を守るために反撃する権利で、これを「集団的自衛権」といいます。
自分の国を守るための「個別的自衛権」なら憲法上許される。ほかの国を守るための「集団的自衛権」までは、憲法上許されない。「集団的自衛権」が騒がれているのはこのためです。

対比してみると、ポイントがわかってきます。人を叱るとき、「身近な人と対比するな」と言われるのは、その人のダメな点がはっきりわかりすぎて傷つけることになるからです。

15 「既知」から入り「未知」へと誘う

▼求められるレベルを知っておく

道順の説明では、まず相手の現在地を確認します。


「いま、どちらにおいでですか」

「品川駅のホームです」

「それでしたら、品川駅の港南口を御存じですか」

「知っています。改札を出て、右に行くのですね。前に『コクヨ』という会社を訪問したことがあります」


相手がコクヨを知っているのであれば、そこまでの説明は省略できます。「念のために」などと説明すれば、くどくなります。

当たり前のことですが、自分が知っていることなど聞きたくないし、聞くのなら、知らない話を聞きたいと思うのが人間の心理です。

とはいっても、まったく知らない話ばかり聞かされたら、なんのことやらさっぱりわからず、最後には話を聞きたくなくなってしまいます。

人間は自分の知識・経験と照らし合わせながら、人の話を聞いて理解するのです。

そこで、これから話す説明内容について、相手がどこまで知っているか、確かめる必要があります。その上で、相手の知っていることに関連させながら、知らないことをわからせるように、説明を工夫するのです。

①知っていることばかりである
②知らないことばかりである
③知っていることも知らないこともある

右の三つの説明のうち、①のケースでは、相手は「つまらなかった」とがっかりします。

②の場合は、「さっぱりわからなかった」と腹を立てます。

③のケースなら、「知っていることに知らないことを加味して説明してくれたので、わかりやすかった」と、満足するのです。

人間は、知らないこと（未知）が、知っていること（既知）に結びついたとき、（そうか、わかった！）と、理解できます。散歩に出て道に迷い、（さて、どっちへ行ったらよいか？）と、適当に歩いているうちに、自分の知った道に出ると、（そうか、ここに出るのか。この道につながっていたんだ！）とわかって、嬉しくなります。

もう一点。**相手の求める理解の度合いを知っておく**必要があります。

相手が深い理解を求めているときに、通りいっぺんの説明をすると、（突っ込みが足りない）と、不満を持たれます。逆に、浅い理解で満足する相手に深い理解を求める説明をすると、（くどい、うるさい）と、これまた、敬遠されてしまいます。

▼人は「思い当たる」と理解が深まる

説明したことが、相手の知識だけでなく経験したことに結びつくと、心が思い当たって、理解が深まります。

あるとき、次のような言葉と出合いました。

「勉強の苦しみは一瞬だが、勉強しなかった苦しみは一生続く」

この言葉が、私の心にピンときて、（確かにその通り）と、わかったのです。いい大人になってわかったのでは遅いのですが、だからこそ「苦しみは一生続く」のです。

私は、小学・中学とまったく勉強しませんでした。一年浪人して、高校を受験、この頃から、勉強の大切さがわかってきました。

小学・中学の勉強は、基礎体力のようなもので、鍛えておかないと、大人になって、何度となく「苦しみ」を味わいます。基礎知識を知らなすぎる自分に出くわすからです。大学に進みましたが、「分数を知らない大学生」の私は、そこでも苦しみました。

実体験を通じてわかることは、時に打ちのめされるくらいに痛烈に心に響きます。

説明は人が経験する**身近な出来事に関連させる**ことで、相手もすぐにピンときて、納得のいくものになります。

説明するときには、相手の知識や経験に焦点を当てるように努めましょう。

16

「断る」ときの説明の勘どころ

▼頼まれ事への三つの対応

ＮＯとひと言えなくて困っている、そんな人が意外に多いようです。仕事にせよ、プライベートにせよ、人からの頼まれ事に対しては、次のような対応が考えられます。

①できることは気持ちよく引き受ける
②ムリとわかっていながら、ＮＯと言えず、仕方なく引き受ける
③できない場合、理由を説明して、断る

右のうち、問題なのは②です。
②を減らすには、③が可能になる必要があります。

▼詫び言葉を添える

ＮＯと言ったら、イヤな顔をされるから……。もちろん、断られていい顔をする人はいないでしょう。そこで、まず、

「申しわけありません」

「ごめんなさい」

と、応じられないことを詫《わ》びるのです。相手の反発を和《やわ》らげ、その上で、応じられない理由を告げるのです。

▼人間関係をこわさない断り方

くどくどと弁解するのはやめることです。まず、できない理由をきちんと述べる。

「すみません、明日までに仕上げる仕事を抱えているので、今日はムリです」

「ごめんなさい。夕方、友人が広島から出てきて、会う約束になっているのです。一カ月前からの約束なので、はずせないんです。お手伝いできなくて、残念です」

下手《したて》に出る必要はありません。できない、ＹＥＳと言えない理由、事情を簡潔に説明して、わかってもらえばよいのです。

「ムリだね、ムリなものはムリ」

こんなムリ一点張りの断り方は、相手の恨《うら》みを買うか、怒らせるかで、人間関係にプラスになることはありません。ＮＯの言い方のポイントは、**人間関係をこわさずに断りを述べるところにあります。**

こんな言い方をする人をよく見かけます。

「引き受けてもいいよ。でも、それじゃ、キミのためにならない。キミを思ってあえて、ＮＯと言っているんだ」

たとえそうだとしても、恩着せがましい言い方です。ここは、自分の事情を説明して、

「悪いけど、いま手一杯でムリだ」

と、断ることです。あとになって、

「先輩に断られてよかったです。他人に頼りすぎる自分の甘さに気づかされました」

と、感謝されることもあるでしょう。

▼代案を示す

断りの理由とともに、代案を示すのも、一つのやり方です。どうしてもＮＯと言わなけ

ればならないとき、

「申しわけない。もし、僕の代わりでよかったら、A君を出させるが、どうだろう」

「全部はムリですが、一部でしたらやれます」

などと、**代案を出して、可能なかぎりの協力姿勢を示す**のです。

断りが言えず、引き受けて結局、力になれなかったとなると、

「だったら、なぜ断ってくれなかったんだ」

と、文句の一つも言われます。きちんと断ることは、相手に迷惑をかけない行為でもあるのです。

よく安請《やすう》け合いをする人がいます。じっくり考えもせず、簡単に引き受けてしまい、いざとなるとできなくなって、断らざるをえなくなる。

「なんで最初にそれを言ってくれなかったんだ！」

こう非難されても仕方ありません。

頼み事をされたときには、引き受けるか引き受けないか、熟考を重ねた上で決めることです。そして、断ると決めたなら、その理由を「説明して」わかってもらうこと。人から信頼されるためにも、ぜひ身につけたい処し方です。

17 ものを頼むとき、人を誘うとき、どう説明するか

▼頼む人、頼まれる人の心理

ものを頼むのが下手な人は、（人に頭を下げたくない）（相手に迷惑をかけたくない）といった気持ちから、人に頼むことができないで、

（オレがやればいいんだろう）

と、独りで意気がったり、

（頼んだって断られるに決まっている）

と、頼む前から、諦めたりしてしまうようです。

どんなに、有能な人でも、自分一人でやることには限りがあります。他人の力を借りて、協力してもらえるからこそ、より多くのことが可能になり、実現できるのです。

それに、**相手に頼むことは、その人に機会を提供すること**でもあります。なんでも、自分一人で抱えていたら、まわりの人は機会を与えられず、育っていかないでしょう。

もう一つ。誰の心にも、(役に立ちたい)(協力して相手の喜ぶ顔が見たい)という思いがあります。遠慮しないで、人にものを頼むことです。

ただし、「それが当たり前」という態度では、反発を買うのは当然です。

そこで、なぜ頼むのか、依頼する理由の説明が必要になります。

「手を貸してもらえませんか」

「お願いしたいことがあります」

「ちょっと教えて下さい」

こんな前おきをしてから、お願いをする理由の説明に入ります。

▼中途半端な頼み方をしない

人にものを頼む場合、相手はとりあえず警戒します。役に立ちたいという思いがある半面、負担を負いたくない、損したくないとの思いから身構えます。

「なんだか、イヤな予感がするけど、また面倒なことを言い出すんじゃないだろうね」

と、警戒態勢の相手に、

「プレゼンに使う手引書の作り方なんだけど、ひと目でわかる図解の作成を手伝ってもらいたいんだ。三日後には完成させたい。パソコンに強いキミの力を借りたいんだ」

と、はっきり理由、必要性を述べて、お願いするのです。

もちろん強引なのはいけませんが、

「できれば」

「ムリとは言わないけれど」

といったような、中途半端な言い方はしないことです。頼む以上、「あなたを見込んで……」「キミだから……」と、はっきり自分の気持ちを伝えること。

人をなにかに誘う場合も、基本は同じです。

ただし、相手の都合を優先させること。

「水曜日がいいんだけど、キミの都合は？」、あるいは「都合のつく日を教えてほしい」と、尋ねましょう。その際、ＮＯと言われても、すぐに諦めないこと。こちらの熱意を試すためのＮＯかも知れないからです。

相手にとってのメリットと、一緒に行きたいという自分の気持ちを、丁寧に説明して、わかってもらうことです。

どうしてもダメな場合、

「残念！　じゃあ、また、機会があったらね」

と、明るく引き下がると、次の機会につながります。

暗い表情で、

「そうか、じゃあ、もういいよ」

では、自分から次の機会を手放しているようなもの。

相手には相手の事情、都合があります。相手のＮＯは、あなたへの悪意ではないことを承知したいものです。それに今回はダメでも、次回以降もずっとダメというわけではないでしょう。


人にものを頼むにせよ、人を誘うにせよ、相手からのＮＯはむしろつきものだ、と思ったほうがよいでしょう。

ＮＯと言われて気色《けしき》ばんだり、ＮＯを恐れて頼むことも、誘うこともしない人を見かけます。でも、ＮＯはごく当たり前の反応と捉えれば、ＮＯにひるむこともなくなるはずです。

18

電話での道順の説明――上手い、下手の分かれめはここにある

▼相手の現在地を確認する

あるとき、小さな出版社に、そこで出している単行本を直接、買いに行ったことがありました。地下鉄の虎ノ門駅で下車して徒歩五分、という情報だけを頼りに、私は地下鉄に乗りました。

急いでいたのと、行けばなんとかなるという安易な見通しで、虎ノ門駅まで来たものの、ホームに降り立ったところで、（さて、どこの出口から地上に出たらよいのか）と、初めて自分の迂闊《うかつ》さに気づきました。

仕方なく、とりあえず近くの改札を出て、すぐ右手の階段を上《のぼ》って、地上に出ました。そこから、ケータイで電話を入れました。

電話には太い声の男性が出てきて、

「虎ノ門だったら、新橋の方向に向かって歩いてきて、二つ目の角を曲がってですね、

そこから歩いて最初の角を左に曲がればすぐわかります」

と、答えてくれました。私は、説明を聞きながら、まわりをキョロキョロ見回したものの、どちらが新橋方向かわからずにいると、男性は「では」と言って、電話を切ってしまいました。さて、どうするか。

そこで、近くにいた中年の女性に、「新橋方向」を尋ねたところ、

「その先に交差点があるでしょう。そこを渡って、真っ直ぐの方向が新橋ですよ」

と、教えてくれました。

電話の男性と、近くにいた中年女性の違いは、私の**現在地を知っているかどうか**です。

電話での場所の説明では、

「いま、どこから電話をおかけですか」

と、相手の現在地を確かめることが肝要です。

「地下鉄の階段を上ったところなんだけど」

「近くに、どんな建物がありますか」

「えーと、あ、道の向かい側にM銀行の建物が見えます」

「でしたら、その右手の先に交差点がありますよね」

「あります」との答えを得れば、相手の現在地が特定できたわけです。

▼目的地への目印を伝える

相手の現在地がわかれば、そこを起点にして、目的地の途中にある目印を説明します。

「交差点を渡って、真っ直ぐ新橋方向に歩いてくると、二つ目の角のところにコンビニの〇〇〇〇があります。〇〇〇〇の角を右に曲がって下さい。そこから歩いて一分もすると、『△△△』という居酒屋があるんですよ。真っ赤な地に黒い字で△△△と書いた旗が出ているので、すぐわかりますよ。その建物の五階です」

「五分もあれば来ます」と、付け加えれば、申し分なしです。

電話では相手が見えません。細かい説明よりも、「現在地」→「目印」→「目的の場所」の順に説明したほうがわかりやすいのです。

会社の面接試験では、

「最寄り駅から会場までの道順を説明して下さい」

と質問して、その答え次第で、応募者の説明力が量れると言われています。

19 「自分」についての説明――好印象を与える「自己紹介」の秘訣

▼自分を客観視する習慣

紹介といっても、自分を紹介するのだから簡単と思われがちですが、意外に苦戦します。自分については自分が一番よく知っているはずなのに、いざ自己紹介となると、まとまりがつかなくなってしまうことも少なくありません。

そこで日頃から、自分らしさ、すなわち**自分の強みや特徴について、できるだけ客観的に把握しておく**ことが肝要です。

人に、「私はこういう人間です」と感じよく、明確に述べるのが自己紹介です。その際、自分を自然に、あるがままに、相手に受け入れてもらうためにも、表現の工夫が必要です。

奇抜すぎても、「以下同文」で素っ気ないのも、好印象を与える自己紹介とは言えません。

▼笑顔での挨拶とフルネームがポイント

明るい表情で「挨拶」をするのが第一歩。表情には人柄がでると言われますし、そのときの気持ちのあらわれでもあります。**表情一つで、自分を紹介しているのです。**

次にフルネームで名乗ること。名前の由来に短くふれるのも、親しみを感じさせます。


以前、話し方の講師仲間に、白井實《みのる》さんという人がいました。五〇歳を過ぎていましたが、皮ジャンを着て、オートバイを乗り回す元気のよい人でした。彼は入ってくると、

「こんばんは、白井實です」

と、必ずフルネームで名乗り、笑顔をみせます。ちょっと改まった場では、ゆっくりと、こう名乗るのです。

「白井實でございます。いつも、この通りの格好で、ごめんなさい」

フルネームは、彼のトレードマークでした。

▼場に合った内容と表現の工夫

自己紹介をする場はさまざまです。時と場に合った内容と表現の工夫をしたいものです。

①プライベートの場で――趣味の会

趣味の会は、仕事を離れて集まった人たちだけに、初対面でも、窮屈になりすぎないこと。話の流れは、趣味と自分との関係、参加のいきさつなどの順になります。

「はじめまして、上村恭子です。川柳の会には前から入りたかったのですが、なかなか始められなくて、こう見えても、引っ込み思案なんです。今回、新年を機に思い切って参加しました。よろしくお願いします」

自分の性格、参加動機と自然な流れでいいですね。

②飲み会の場で――再就職先での歓迎会

「よろしくお願いします。吉村英一と申します。私、新人の頃、飲み会で注《つ》がれるままに飲んでいたところ、先輩に『飲めとすすめられたら、相手の盃《さかずき》を見ることだ。実は相手も注いでほしがっているかも知れない』と、教わったことがありまして、以来、お酒の注ぎ役に徹しています。今夜も、注がせていただきますので、よろしくお願いします」

転職先での飲み会、**まわりに溶け込むためのさりげない工夫**が生きています。

③合コンに初めて参加して

「名前は、山下泰裕で、柔道の選手みたいですが、スポーツは高校時代、野球部で外野を守っていました。いまは、広島カープファンです。ラーメンが好きで、最高、一日に七軒、ラーメン店を回りました。運動不足で食べるのが好き、ちょっと問題ですよね」

早口で喋らないように注意すれば、具体的で親しみの持てる自己紹介となります。自己紹介で話した内容を、聞いた人は不思議と憶えているものです。普段から自分を見つめて、場と相手に合った説明ができるようになると、以後の人間関係にプラスの働きをしてくれるでしょう。

なお、**自己紹介は一分以内に収める**こと。プレゼンテーションのスタート時に、自己紹介を三分以上も続けた人がいました。これでは相手をうんざりさせてしまいます。

ここに紹介した三つの自己紹介は、いずれも一分以ひと内の短いものです。短く、好感が持てる内容の話ができるようにしましょう。

20 自分の〝本当の気持ち〟の伝え方

▼言葉に気持ちを込める

言葉は眼前にないものでも表現できるし、心の中の感情についても、言いあらわすことができます。

ところが、日本人は感情を言葉で表現することを控えてきました。

一つには、（恥ずかしい）（はしたない）などの思いがブレーキ役になっています。

もう一つの理由は、（言ってもわかってもらえない）という思い込みです。

人間にとって、自分の気持ちこそ、一番わかってほしいものなのに、この二つの理由で抑制してしまうのです。

これを解決する一番簡単な方法は、わかってもらいたいなら「率直に言葉に出す」ことです。多くの人は、そのことに気づいています。残るのは、実践することだけです。

上司から、「キミにやってほしいことがある」と言われた部下の女性は、こう答えました。

「すみません、いま、とっても忙しいんです。現場から頼まれた資料づくりで、手がはなせないのです」

最初の「いま、とっても忙しいんです」に気持ちがこもっていて、ピンときたのか、上司はすぐに、

「わかった、いまの仕事、続けてね」

と、引きさがってくれました。

思ったこと、感じたことはありのままに、心を込めて表現する。これが出発点です。

▼「ありがとう」が言えない人

かつて、東京メトロの湯島駅の改札を出たところの壁に、こんなポスターが貼られていました。

「ありがとう、もう一度言うわ、ありがとう」

このポスターを見かけ、私は思わず立ち止まりました。

人の好意をありがたく思ったら、まず、「ありがとう」と、口に出して言うこと。

百も承知しているのに、思っているだけで、**「ありがとう」を言えない人がたくさんいるのです。**

人にほめられたとき、素直に「ありがとう」と言えばいいのに、特に男性は、照れくさいのか、わざとのように、こう言ったりします。

「いやあ、ダメですよ、まぐれにすぎません」

これでは、ほめた人を戸惑わせるだけでしょう。ほめられたら、嬉しいもの。その気持ちを、

「ありがとうございます。そう言っていただけると、嬉しいです」

と、伝えればよいのです。本当は嬉しいのに、逆に不機嫌な顔をするのでは、相手に気持ちは伝わりません。

▼ひと呼吸おいてから、怒りを伝える

怒りの感情は、(大人気ない)(みっともない)とばかり、我慢してしまう人が少なくあ

りません。怒りを抑えて抱え込んでいると、ストレスになります。ため込むと、いつか爆発して、かえって危険です。

腹が立ったら、怒ればよいのです。

ただ、怒って駄々《だだ》っ子のように暴《あば》れまくるのではなく、怒りの感情が込みあげてきたら、「ひと呼吸おく」ことです。**ひと呼吸とは、自分を取り戻すための「間合い」**のことです。感情は行為と直結しているので、〈怒るんじゃない〉〈落ち着くんだ〉などと言い聞かせても、効き目はありません。

立ち上がる、お茶を飲む、窓をあける……など、体を動かすと、カッとなった感情が幾分か和らぎます。

次に、怒りの感情を言葉に出して伝えるわけですが、注意したいのは、いきなり相手を非難しないことです。

「キミはまったくあてにならない人間だ、見損《みそこ》なった！」

これでは怒りの感情をあらわしたわけではなく、〈あてにならない〉と判断し、期待を裏切られたと決めつけています。決めつけるのではなく、理由を説明すること。

「私は怒っている。キミが二度も期限を守らなかったことに、腹を立てているんだ」

怒るのは、相手をやり込めるのが目的ではなく、現状をよくしたいがためです。二度期限が遅れたために、仕事の予定が狂って困っていることを伝え、さらに、「キミに裏切られたのではと思って、腹を立てているんだ」と、怒りの感情の奥にある自分の気持ちを、相手にきちんと伝え、わかってもらうことです。

現状に問題があるから「私は怒っている」のであり、問題を改めたいために怒っているのだということを、相手に説明するのです。

その結果、現状が改善されたなら、「ありがとう」のひと言を添えたいものです。

長いこと、怒りの感情を封印してきたために、いざ怒ろうとすると、緊張が高まって声が出なくなったり、ふるえたりする人もいます。

しかし、我慢しすぎて、ある日、突然切れたりすれば、それこそ取り返しのつかないことになりかねません。感情を伝え、わかってもらうことにも、実践して馴れることです。

以上、主な項目の実践度をチェックリストにして、次ページに掲げておきます。

説明者の実践度チェックリスト

	常に	時々	めったに
① 簡にして要を得た説明を心がける	□	□	□
② 長い前おきははぶき、すぐ本題に入る	□	□	□
③ センテンスを短くする	□	□	□
④ 時間の流れにそって説明する	□	□	□
⑤ 相手がどこまで知っているかを確かめる	□	□	□
⑥ ポイントは繰り返し確認する	□	□	□
⑦ 反応を確かめながら話す	□	□	□
⑧ 数字を生かして使う	□	□	□
⑨ 対比して特徴を明確にする	□	□	□
⑩ 自分の感情を素直に表現する	□	□	□

<実践の度合い>

Ａレベル　→「常に」が８個以上……素晴らしい。さらにより厳しいチェックを。

Ｂレベル　→「常に」が５個以上……まずまず。「時々」を「常に」にランクアップする方向で。

Ｃレベル　→「常に」が５個未満……残念。身近な人にチェックしてもらうと、「めったに」が「時々」に変わる可能性も。

第3章
理性と感情を納得させる「論理的」な説明

1

「テーマ」をしっかり把握するのが先決！

▼焦点が絞れれば混乱しない

研修担当のあなたが上司から、今日で最後となる社内の「新任課長研修」について、「説明してほしい」と言われたとします。その上司とは取締役人事担当部長です。

この場合、「何について」は示されているものの、範囲が広いですね。上司から要望がなければ、あなたが自分で範囲を絞り込み、決定する必要があります。

「新任課長研修について」といっても、その内容は、

①研修の目的・狙い
②研修の内容・カリキュラム
③研修のすすめ方
④これまでの参加者の声

⑤すでに何回か実施した、担当者としての自分の感想

などが考えられます。

①から⑤までを、満遍《まんべん》なく説明するのでは時間がかかりますし、羅列するだけで平板な説明に終わってしまいます。また、取締役人事部長は、①から③までの内容は、すでにわかっているかも知れません。とすれば、「目的」「内容」「すすめ方」は確認程度にとどめ、説明は省略してもよいでしょう。

この研修は今回が最後ということで、その点に着目して、参加者のアンケートに記された研修に対する「感想」「意見」「要望」などを集約して、「これまでの研修で、どんな成果が上がったか、何が課題として残ったか」を中心に、**上司への説明の焦点を絞る**こともできます。そして、今回のカリキュラムに若干の修正をしたい旨の補足説明を加えます。

「それでは新任課長研修について、今回が最後になりますので、『これまでの成果と今後の課題』を中心にご説明致します」

最初にこのように話せば、説明すべきことがはっきり示されるので、人事部長としては、

以後の話が聞きやすくなります。そして、

「それと、今回のカリキュラムに、三カ所だけ、修正を加えましたので、補足説明をします」

などと進めれば、あなたの説明は混乱せずに、スタートを切ることができます。

▼「主題」を一行で表現する

何についての説明かがはっきりしたら、次に必要なことは、「主題の一行化」です。「主題」とは、説明を通して、自分がもっとも言いたいことです。

「新任課長研修」の説明において、その全体を通して、あなたがもっとも言いたいと思ったのはどんなことか。それを考えて、**言いたいことを一行で表現してみる**のです。

主題は、説明すべき内容を支える、中心となる考えのことで、テーマとも言います。

説明に時間を費やしているわりに、わかりにくく、要領をえない話し方をする人に共通する原因は、「主題を把握していない」ことにあります。

S君は半導体メーカーに勤務して三年目。同じ部署のメンバーは、二五名のエンジニアたちです。

職場では、毎年一月一〇日前後に、新年会を開催します。今回の幹事役はS君。年の暮れに上司から、

「来年の新年会は、どんなふうにするのかな」

と、説明を求められました。

これまで、S君は二度、新年会に参加しています。彼は、そのときの感想から話し始め、他社の新年会についても、知り合いに聞いた情報を伝え、さらに、今回の新年会のプランを説明し出したのです。

長い話にしびれを切らした上司は、

「キミの説明は、坊さんの下手なお説教と同じで、長くて退屈でわけがわからない！明日の朝までに一分間で説明できるようにしてこい」

と言い捨てて、話を打ち切ってしまいました。

説明する前に、S君が主題を把握していれば、こんなことにはならなかったはずです。

今回は予算も限られているので、カジュアルなお店で、メンバー同士が賑《にぎ》やかにお喋りできる新年会にしたい。そう考えていた最中《さなか》、会場にぴったりのところが見つかりました。

ですから、来年の新年会についてのS君の考えは「メンバー同士が賑やかにお喋りをする」であり、それが主題だったのです。この主題は、S君の胸のうちにあったのに、言語化して明確にしていなかったので、上司に説明したときには登場してきませんでした。

その結果、主題から離れて、あちこち寄り道をして、話がくどくなり、わかりにくくなったのです。

S君からすると、エンジニアの人たちには、お喋りを得意としない者が多く、他の部署の人たちと意思疎通を欠く場面も見られます。

かといって、彼らはお喋りが嫌いなのではなく、むしろ上手になりたいと願っているのです。自分もそうなので、皆の気持ちはS君にもわかるのです。そこで、

「課長、来年の新年会は『みんなでお喋りを楽しむ会』にしたいと思っています」

と、主題から入り、主題と関連づけながら予算、会場、メンバーが希望していることなどを説明すれば、一分間で、わかりやすく伝えられたはずです。

たとえ途中で話が混乱したとしても、

「要するに、私の言いたいことは」

と、主題に戻ることができ、長々とした説明にはならなかったでしょう。

▼主題を把握する練習

自分がもっとも言いたいことは何か。

すなわち「主題」をはっきりつかんでおくことは、わかりやすく話すのに不可欠な条件です。

わかっているつもりでも、説明しているうちに、テーマがはっきりしなくなったり、行方不明になったりすることもあります。

身近で見聞したことをしっかり把握して、一行に書きとめておくなど、普段から話の主題をつかむ練習をしておくとよいでしょう。自分が話そうとすることについてはもちろん、他人の話を聞くときも、この人の話の主題は何かと考える。

あるいは、「短いエッセイ」や新聞の囲み記事、またはテレビドラマなどについて、それぞれの主題を紙に書き出してみる。そうしたことを日頃の習慣にしておくと、物事の核心を捉える力が鍛えられて、説明のときにも「なにが言いたいか」が明確になります。

説明は、**わかりやすさとともに「簡潔さ」**が求められます。簡にして要を得た説明ができるようになるためには、説明する内容の核心を捉える力が必要になります。この力が「主題を把握する力」なのです。

2 「固い言葉」はほぐして、日常語に置き換える

▼「固い言葉」は飲み込みにくい

どんなに内容が素晴らしくても、難解で歯が立たないような「固い言葉」で説明されたのでは、飲み込むことができないまま、理解に苦しみ、もてあますしかありません。

それを見て、「飲み込みの悪い奴だ」などと、聞き手に文句を言うのはやめましょう。話を飲み込みやすくするのは、話し手の仕事ですから。

ところで、「固い言葉」とはどんな言葉か。

固い言葉とは、**内容がギッシリ詰まって固まった言葉です。解きほぐさないと、意味が理解しにくい言葉**のことです。

『甘えの構造』の著者で、精神科医の土居健郎《たけお》氏は、ある講演の中で、こう述べています。

「土居の話は聞かなくてもわかる」と言えば、「もうわかっている」、こういうことで

すね。しょっちゅう聞いているからわかっている。結局、「わかる」ということは、「馴染みがある」または「馴染める」ということなんだろうと私は思います。したがって、「わからない」というのは「馴染みがない」縁遠いということである、と。（『土居健郎選集』岩波書店）

土居健郎氏は、専門的な言葉を、日常よく使われる言葉に置き換えて説明するのにすぐれていると、定評のある人です。日本人の心理構造を難解な専門語でなく、「甘え」という日常語で表現しているのも、そのあらわれです。「わかるとは馴染みがあること」という指摘も、「わかる」という言葉の意味を、日常の言葉を使って、飲み込みやすくしてくれています。

▼「市民社会」をどう説明する？

仕事柄、行政職員の研修講師を務める機会があります。研修の中で、よく話題にのぼるのは、市民と職員の間で起こるトラブルです。

思うに、職員の中に、「決まりですから」と、規則を押しつける態度が見えるのが原因の一つであり、それとともに、市民の側に「市民意識」を欠いた人たちがいるのも、トラブル発生のもとになっています。

私たちは、市民社会の一員です。

人は集まって社会をつくり、社会の中で生活をしています。社会は、人と人との約束で支えられています。普段、当たり前のこととして生活しているので、改めて、

「市民社会とは何だろう」

と、問われると、これをわかりやすく説明するのは、容易ではないでしょう。

弁護士の表久雄氏は講演で、「市民社会」について、次のような話をするそうです。

あなたは、朝、目覚まし時計のアラームで七時に目を覚まし、起きて洗面台に向かい、水道で顔を洗う。そして、やかんをガス台にかけてお湯を沸かすでしょう。奥さんが朝食の準備をしてくれています。

あなたの家は銀行ローンで手に入れたマイホームでしょうか。それとも家賃を払っている借家でしょうか。あるいは、もしかして社宅かもしれませんね。

さて、あなたは食事を終えて、歩いて駅に向かい、電車に乗って、会社に出かけます。

実は、毎朝やっている一つひとつの行為がすべて、約束によって成り立っているのです。

電車に乗るのに、パスモを使って改札を通るのも、鉄道会社と約束しているから、できる行為です。

市民社会とは、このような様々な約束によって、人々が生活している社会であり、約束を守ることで、お互いに信頼し合い、スムーズにことが処理されていく社会です。また、約束は自らの意思で自由に行われるもので、強制されるものではありません。同時に、約束をする者同士は、お互いに対等です。対等な者同士、自由な判断で約束を取り交わす社会が、「市民社会」なのです。（表久雄著『有情遍歴』安曇出版）

市民社会とはなにか、これを理解するのは、市民と役所の職員とが話し合う上で、欠かせない大事なことである、と私は思っています。

日頃、ほとんど意識しないまま、そこで生活している市民社会について、身近な日常の様子を例にとり、かみくだいて説明してもらえると、（なるほど！）と納得し、理解が深まるのです。

▼話す内容の本質をつかむ

アメリカで、トランプ氏が大統領になったことで、円安が進むといわれています。円安とはどういう状態をいうのでしょうか。

「一〇〇円を超えるとは思っていたけど、一二〇円までくるとはね。でも、このへんで円安も止まってほしいね」

夫がそんな話を奥さんにしていたとき、脇で聞いていた小学四年の男の子が、

「一〇〇円が一二〇円になったのだから、円は高くなったんじゃないの」

と、質問を投げかけてきました。

「いや、そうじゃなくて、円は安くなったんだよ」

「どうして？　わかんない、説明して」

こんなところにも、「かみくだいて説明する」事例が顔をのぞかせます。

「それは円とドルの交換比率の問題でね。一ドル一〇〇円だったのが、一二〇円になったのだから、安くなったのさ」

小学生に、いきなり交換比率の話を持ち出しても、わからないでしょう。

「友達のゆう君は家族旅行でハワイに行ったんだってね」

「うん、夏休みにね」

「ハワイで買い物をするには、日本のお金ではできないから、アメリカのお金と交換しなくてはいけないんだよ。アメリカの一ドルはいまだと、一二〇円出さないと交換してもらえないんだ」

「ふ〜ん」

「ゆう君がハワイにいた頃は、一〇〇円くらいで交換できたかな」

「それが、いまは一〇〇円では交換できないの？」

「そうだ。つまり、一〇〇円から一二〇円に値上がりしたと思えばいいんだよ」

「そうか……」

「一ドルを手に入れるのに、一〇〇円だったのが、一二〇円になったというのは、それだけ円を余計に払わなければならなくなったということで、ドルが高くなって、円が安くなったというわけなんだ」


小学生にもわかるように、このようにかみくだいて説明するためには、自分が内容を充分に消化していないとできません。

かみくだいているつもりが、途中で交換比率だ、為替取引だという話を持ち込んで、かえってややこしくしてしまうのでは、まだまだ理解に乏しいと言わざるをえないでしょう。

つまり、「かみくだいて話す」ためには、話し手が説明すべき内容を充分に理解して、自分のものにしておかなければならない、ということです。

わかっているつもりで話しても、本質までつかんでいないと、かみくだくために使った身近な例がぐらつき出して、

（なんだか、へん）

と、相手に疑われてしまうのです。

第４章でもふれますが、かみくだいて説明するには、身近な事例を引用するとよいでしょう。聞き手にイメージが浮かび、印象に残る説明が可能になります。

普段から、身のまわりに関心や興味を持って、話に使えそうな具体例の発見に努めることを、おすすめします。

3 これなら簡単！　説明内容を「整理」する方法

▼会話と説明の違い

会話は楽しむことが目的ですから、話が脱線したり、あちこちに飛んだりするのが特徴で、むしろ、そのほうが話がはずんで、歓迎されます。

「いまの話を整理すると……」

などと言い出せば、（余計なことを）と、場の空気がシラケてしまうでしょう。

しかし、説明は違います。**筋道の通った、首尾一貫した話が要求され、脱線、飛躍、反復などは避けるように**しないと、（支離滅裂で、さっぱりわからない）と、不評や反発を買ってしまうのです。

説明の目的はわからせるところにある、ということを思い出して下さい。

説明では、脱線でなくまとまりが、飛躍でなく一貫性が求められるのです。

▼話す前に内容を整理する

わかりやすく説明するには、事前に内容を整理して、まとめておかなければなりません。話し出してからでは、手遅れです。

「まとまりのない話になってしまい、申しわけありません」

こう謝る人がいます。この場合、まとまっていないのは話ではなく、

「話す以前に、中身がまとまっていない」

ということです。

説明する事柄、内容について、事前に整理してまとめておいてから、話し出すように習慣づけることです。

人間は、物事を整理することによって、自らの理解を確かなものにします。内容が整理されてスッキリしたとき、（わかった）と感じられ、自分でもスッキリした気分を味わうことができるのです。

▼内容整理のためのポイント

説明の内容を整理する手順について、以下に述べていきます。

あなたが、新入社員を指導する立場の人たちに対して、「一〇代後半から二〇代前半の人たちの行動特性」について、説明することになったとします。

持ち時間は一〇分です。短いだけに、要点をきちんと整理して、簡潔に説明する必要があります。ポイントは三つです。

①集める

若い人の言動について、思いつくままに書き出してみます。あれこれと人の口にのぼる情報、自分が見かけた若い人の態度、振る舞い、口のきき方、雑誌や書物に書かれている内容などを、ランダムにメモしてみるのです。

・自分から声をかけない
・話すときの声が小さい
・わからないことがあると、ネットで調べる
・ウェブ上でのやりとりが日常化している

・仲間はずれにされるのを恐れる
・おとなしい、覇気がない
・草食系、特に若い男性に見られる
・話を聞くのに無表情、反応に乏しい
・年配者と話すのが苦手
・相手に気をつかう、やさしい

などなど。それぞれについて、

「なぜ、そうなのか」

「たとえば、どんなことがあるか」

といった点から、さらに突っ込んで、具体的な情報を集めます。その結果、

「いまの若い人は、コミュニケーション能力が低いのでは」

という仮説が浮かびあがってきたとします。


ところが、一〇代後半から二〇代前半で活躍している若手のアスリートたちは、テレビ

画面を通してのインタビューに対する答えを聞いているかぎり、表情も明るく、話し方もわかりやすいですね。

彼ら彼女らは、これから試合にのぞむ直前であっても、マスコミからのインタビュー攻勢に、イヤな顔もせず、ちゃんと答えています。負けて落ち込むヒマもなくインタビューに応じる、といった場合もたびたびです。

そうした、厄介な経験も含めて、話す場数を踏むことで、若い世代にも、すぐれた話し手がたくさん育っているのです。

ただ、多くの若者たちは、子どもの頃から、話し相手が同級生や家族に限られ、話す機会が少なかったため、「話すのが苦手」「説明が下手」になっているにすぎないのかも知れません。

とすれば、人と話す機会が少なく、話し馴れていないところに、若い人のコミュニケーション能力低下の原因がある、と考えることもできます。

情報集めの過程は、「情報の収集」→「仮説の設定」→「仮説検証のための情報収集」と循環します。

②はぶく

はぶくは「省く」で、いらないものを取り去る、取り除いて減らすことです。

情報はできるかぎり多く集めます。その上で、集まった個々の情報を見比べつつ、整理にかかります。

a　ぜひ必要な情報か
b　あったほうがよい情報（聞き手が聞きたがっている情報）か
c　あってもよいが、なくてもよい情報か
d　時間が余った場合、つけ足しに使う程度の情報か
e　不用な情報か

集めた情報がそれぞれ、右のうちのどれに当たるかを検討していきます。

時間との関係で、aとbの情報は残して、c以下は思い切ってはぶいたほうがよい場合が出てきます。かつてよく、

「五分話すためには、五五分話せる材料を用意せよ」

と、言われたものです。

右の言葉の通りにはいかないにせよ、説明のための材料はできるだけ多く集めること。半面、集めた話の材料は思い切ってはぶくことも必要です。とかく、集めた材料は全部話したくなるものです。

はぶくためには、思い切りが必要です。特に、ｃｄｅの情報は惜しまずに、はぶくようにして下さい。はぶく目的は、説明が冗長になるのを防ぐことにあります。

なお、ｂの「聞き手が聞きたがっている情報」は、できるだけ多く集めること。ともすると、相手が聞きたがっている情報より、自分が話したい情報に傾きやすいからです。

③まとめる

手もとの、バラバラの情報を整理することは、話をまとめることに通じます。

「はぶく」段階をへて、あなたの手もとに残った情報は、まだ未整理の状態です。説明をするのに必要な情報でも、未整理のままでは、とりとめのない話になって、集めた情報が生かされません。

わかりやすい説明のためには、整理は欠かせないのです。といっても、面倒なことではありません。散らかっている机の上を整理する要領でやればよいのです。

私の机の上は、本書を執筆するために、三〇冊近い本が乱雑に置かれています。本のほかにもノート、メモ帖、原稿用紙などが、あちこちに散乱しており、シャープペン、ボールペン、消しゴム、その間にケータイ電話、隅っこに手帳があったり、辞書類が積み重なっていたり……。ともかく、呆《あき》れるくらい散らかっています。

これを整理します。まず本。説明に関して書かれた本六冊。マネジメント関係の本、それと小説、エッセイ類、その他雑誌が三冊。辞書五冊。

雑多に積み上げられた本を、単行本、新書、文庫、辞書類に分ける。次にメモなどを記したものと、筆記用具関係をひとまとめにして、脇に置きます。メガネ、ケータイ、手帳なども一カ所に集める。さて、見渡すと、狭くてゴチャゴチャした机の上がきれいに片付いて、見違えるようになりました。

情報の整理も同じです。片付けの要領で分類基準を設けて、一緒にできるものは一カ所に集めて、その小さなまとまりを一つの項目としていけば、バラバラだった情報もきちんと整理できるのです。

整理とは、情報を集め、集めたもののうち不用なものは捨て、残ったものを項目にして

まとめるということ。私の机の上も「説明の本を書くのに便利かどうか」を基準に整理したにすぎません。

▼項目と項目を関連づける

手もとの情報を、項目にまとめて整理するのが終わったら、最後に、「項目と項目との関係を明らかにする」作業に移ります。

項目ごとに情報が整理されても、項目と項目がどういう関係にあるのかが示されないと、それぞれがどこへどうつながって、全体として何が言いたいのかが理解しづらくなります。

人間は、**物事を関係の中で位置づけしたときに「わかった」となる**のです。

たとえば、前述の「一〇代後半から二〇代前半の人たちの行動特性」では、

「コミュニケーション能力が低い（A）」

という仮説が得られました。

その仮説を裏づけるものとして、

・自分から声をかけない

・話すときの声が小さい

・年配者と話すのが苦手

など、個々の情報が集められていました。その一方で、

「人と話す機会が少ない（Ｂ）」

という項目の裏打ちにいくつもの情報があげられています。

ＡとＢは結果と原因で関連づけられます。

Ａという項目とＢという項目を結びつけて、順序づけることによって、それらの関連がわかり、バラバラだった情報と項目が、主題のもとに統一され、説明の全体像が整ってきます。項目を結びつけるものとしては、

①原因と結果の関係
②時系列によるもの
③重要度によるもの
④既知から未知へ
⑤問題解決の順序

などがあげられます。

個々の項目を結びつけて、順序よく説明する上で、①の「因果関係」を例にとって、その整合性について、考えてみましょう。

「現在のこの結果を引き起こしたのは、〇〇です」

といった場合、ここで注意したいのは、原因は一つとはかぎらないので、いくつかの原因の中から、どれを選ぶかという点です。

「開催したイベントに、予定人数の半数も参加者が集まらなかった」

この場合の原因として、

・開催時期が悪かった
・呼びかける対象の選択に問題があった
・準備に時間がとれなかった
・企画の意図が関係者に浸透していなかった
・関係者からの協力が少なかった

など、複数考えられる中で、

「人数が集まらず、イベントが失敗に終わったのは、関係者の協力が得られなかったから」

という説明を聞いた当の関係者からは、

「企画の意図が充分に説明されていなかったのが問題です。いま、この時期に、なぜこのイベントを行うのかがよく理解できなければ、協力しようがないでしょう」

と、反対意見が出た。さらに、

「そもそも、この企画自体、見通しが甘かったんですよ」

などと、企画そのものへの検討不足が取りざたされることにも……。

人間は、とかく自分に都合よく解釈した「原因」を説明に用いがちです。これでは「原因の説明」は、自己弁護とイコールとなって、納得を得られないばかりか、責任を追及されることになります。

聞いてよくわかり、納得できる原因に絞って説明すれば、「因果関係」に対する相手の了解も得られることでしょう。

ここにあげたケースでは、「企画の意図が関係者に浸透していなかった」が一番の原因でした。事前の話し合いが不充分だったとわかり、その結果、関係者も納得したのでした。

説明内容を整理する手順

POINT

～項目と項目を結びつけて順序づけること～

---

① 集める

テーマに関連した情報の収集

・思いつくままに書き出す

・周囲の人から聞き出す

・関連する書籍・雑誌などから

---

② はぶく

必要な情報とそうでない情報を選《え》り分ける

・ぜひ必要な情報、相手が聞きたがる情報は残す

・そのほかは思い切ってはぶく

・ただし、時間がある場合、補足したり、余談に使えるものは残す

---

③ まとめる

個々の情報を小さな項目としてまとめる

・同じもの、一緒にできるものはまとめる

・項目と項目を関連づける

4 相手の「感情」を受けとめ、「納得」に導く話し方

▼人は理由を聞きたがる

説明は、「わかってほしい」「わかりたい」という、双方の欲求から生まれるやりとりに端を発しています。

「わかりたい」側に焦点を当ててみます。人は何をわかりたいのでしょうか。いろいろある中で、

「意味がわかりたい」

というのが一番ではないでしょうか。よく耳にする、

「それって、どういう意味？」

は、「意味」の中でも、「意図」「狙い」などを知りたい、確かめたいという欲求から発するセリフです。

つき合ってから三カ月たった頃、それまですぐに返信メールをくれていた彼女から、メールが来なくなりました。

彼は、(なぜ、どうして?)と、理由が知りたくなりました。理由がわからないと、落ち着かないからです。やがて、不安になって、いらいらしてきました。

でも、理由がわかり、もっともだとわかると、安心していらいらが消えました。

「立ち上げたばかりのプロジェクトのリーダーを任されたんです。それで資料づくりに追われたり、ミーティングが何度も続いたり、メンバー同士の意見調整を図ったりと、とにかく大忙しでメールできなかったの。ごめんなさい」

彼女が催促される前に、理由を話しておけば、彼もいらいらしないですんだはずです。

もし気になりながらも、理由を話さずにいて、

「メールしたのに、なんで返事をくれないんだ!」

という彼からの非難メールが届いたりしても、(こっちがそれどころじゃないことぐらい、察してほしいわ)などと、矛先を相手に向けるのはお門違いで、順序が逆です。「理由の説明は、先手で」が原則なのです。

説明は、相手にわかってもらうのを目的に行うものです。相手が理由を知りたがっているのなら、説明をして、それに応える必要があるのです。

▼論理と感情のバランス

そうはいっても、理由であればなんでもよい、というわけではありません。

こんなジョークを聞いた覚えがあります。

アメリカの小学校での話です。

先生が子どもたちに質問しています。

「日本とお月さまと、どっちが近くにあると思う」

子どもたちはいっせいに答えました。

「お月さまです！」

先生は驚いて尋ねました。

「えっ、どうして？」

「お月さまは見えるけど、日本は見えないから」

このジョークの面白いところは、子どもが事実の一面だけを見て答えているところです。目に見えているのが本質とはかぎりません。

だんだんと知識が広がってくると、目前の事実は一部にすぎないもので、まだまだ見えない事実があることがわかってきます。

そのことが理解できてくると、「お月さまは見えるけど、日本は見えないから」という理由には、頷けなくなります。

いまでは、地球が公転している「地動説」は誰にも理解できます。そうはいうものの、朝、東から太陽が昇ってきて、次第に周囲を明るく輝かせるのを見ると、動いているのは太陽のほうだという実感も、捨てきれません。

たいていの人は、生活の実感として「天動説」を受け入れていて、理屈として「地動説」に納得しているのです。人々の知識が広がって、多くの事実を知るようになったからです。

納得できる理由として、その第一は、論理として正しいということです。第二に、気持ちの上でも納得できるということ。理屈としての理由はわかっても、感情的にわだかまりがあり、納得できないという人もいます。

相手の感情を受け止めながらの説明になっているかどうか、振り返ってみることです。

いくら理屈が正しいからといって、それを盾に一方的に説明すると、感情的な反発をまねいて、争いのもとになりかねません。

▼理由や根拠は具体的に

「こう考える」「こうしたい」と、意見や要求を述べるとき、その**裏づけになる「理由」と「証拠」を示す**ことは、説明には欠かせません。

ある大手予備校が、全国にある校舎の数を半数近くに減らす方針を打ち出して、話題になりました。理由は少子化が進んで、生徒の数が減少しているからとのこと。すでに、生徒数が満たないところが何十校もあり、このままでは経営が成り立たないことを、データをもって証拠として示して、自分たちの方針に対する、人々の納得を求めていました。

「証拠」というのは、主張の説明を裏づける根拠のことです。

ある集まりの定例の会合に出席できないことを告げたところ、

「それは残念。で、理由は?」

と、聞かれて、

「仕事が忙しくて」

と、答えたとします。

「仕事が忙しい」という理由はよく使われるので、忙しいことを裏打ちする根拠を示さないと、充分な納得が得られません。そこで、

「新しいプログラムの開発を頼まれ、そのため毎日、夜の一〇時まで残業しているのです。今月いっぱいの締め切りに間に合わせるため、いま手が放せない状態なのです」

と、説明します。


根拠となる事実を具体的かつ詳細に示すことで、相手の納得を引き出すことができます。漠然とした理由だけでは、(人に言えないわけでもあるのかな)と、下手に勘ぐられかねません。

▼「ジャンケン」で完敗した私

深夜、タクシーを探していたところ、やっと空車の赤いランプをつけた車が走ってき

ました。私は手を振って、タクシーに向かって走って行ったのですが、三〇代の男性と、鉢合《はちあ》わせになってしまいました。二人同時に、タクシーの前に到着したのです。

（ここは譲れない）

と思い、私は、

（見つけたのは、私が先ですよ）

と、主張しようとしました。ところが、彼は私に向かって、

「こんばんは」

と、笑顔で声をかけてきました。意外な成り行きに、私は面喰《めんく》らって、

「あ、こんばんは」

と、言葉を返してしまいました。

すると彼は、笑顔のまま、こう言ったのです。

「ジャンケンで決めましょうか」

「ジャンケン？」

面喰らったまま、つられるように、

「じゃ、やりましょう」

と、応じていました。

一回勝負。私はグーを出し、彼はパー。あっというまに勝負が決まり、彼はニコニコ顔で「ではお先に」と、タクシーに乗り込み、クルマとともに消えて行きました。


このときのことを、後輩に話したところ、開口一番、

「相手ペースですね」

と、言われました。私も同感でした。

「『こんばんは』と先手で言われたときに、すでに勝負はついたようなものさ。先手の挨拶の力だね」

こう理由をあげたところ、後輩は、

「ぼくはそうは思いませんね」

と言って、納得しないのです。

「福田さんの負けた理由は、ジャンケンの仕方にあったのですよ」

「ジャンケン？　たいてい勝負は五分五分で、特別弱いほうとは思えないけど」

「ジャンケンで、グー、チョキ、パーを出す確率はグーが多く、チョキが少ないというデー

タがあるのです。相手はそれを知っていて、パーを出したんですよ。だって、チョキを出す割合は少なく、グーが一番多いと知っていれば、パーを出すのは当然です」

後輩は、証拠を出しながら、私のジャンケンの敗因を説明してみせたのです。

「それと、初対面の相手には緊張するから、身構えて手を握り締める。そのままジャンケンとなれば、グーを出しちゃうんですね。データと人間心理の両面を、相手は読んでいたということですよ」

彼の説明は見事で、

「なるほど、キミの言う通りだ」

と、認めるしかありませんでした。

主張と証拠――この二つがセットになった説明は、わかりやすく、同時に納得しやすいことがわかります。

5 論理的な説明――基本を知れば難しくない！

▼感情面での反発のほうが厄介

「論理」というと、（難しい）（苦手）と思う人が多いようです。中には、「人は理屈だけで納得するものではない」と、理屈すなわち論理を嫌っているかのように言う人もいます。

しかし、理屈が通れば、こんなラクなことはありません。多くの場合、話をわかってもらえないのは、感情が原因になっています。

人の気持ちや感情は複雑で、一筋縄ではいきません。

理屈っぽいと言われる人が一般に嫌われるのは、論理に問題があるのではなく、**「人の感情」について油断して、配慮を怠《おこた》る**のが原因なのです。逆に感情面を重視する人は、**（論理は苦手）と、これを避けてしまう傾向**があるようです。

論理は感情よりも、よほど単純で、簡単な理屈から成り立っているのです。

論理的な説明の基本は、

「A＝Bで、B＝Cならば、A＝Cである」

という、いわゆる三段論法と言われるもので、いたって簡単な理屈なのです。

ところが、AとB、BとCに関しては「その通り」と認めるのに、AとCになると、なにかとケチをつけて反対する人がいるのです。

「無理が通れば道理が引っ込む」という諺があります。無理にケチをつけて、道理を引っ込めさせようとするやり方です。

現在、会社は原料の値上がりで、このまま製品をつくれば赤字になる一方ですが、かといって、製造をストップすれば、会社は倒産の危険に見舞われかねません。すなわち、

「原料の値上がりで、製品がつくれない」

「製品がつくれないと、会社が倒産する」

という図式。そこで、部下が上司に「新しい原料のつくり方」を提案し、この方法でやれば原料の価格を引き下げることができるし、倒産をまぬがれると説明しているのに、

「会社には別の製品もあり、倒産しない」

「いま新しい方法を取り入れても、うまくいかなかったら、取り返しがつかない」

などと、反対理由を持ち出しては、話を込み入らせてしまう上司がいます。さらに、

「何事も、そう簡単にうまくいくものではない」

「仕事は慎重の上にも慎重に」

などと、もっともらしい理屈をつけて、議論を長引かせてしまうのです。

上司が反対する本当の理由は、この提案が通れば、部下の評価が高くなって、面白くない、あるいは、自分の評価が下がるのを恐れる、といったところにあるのかも知れません。それを口にできないので、無理やりに反対の理由を持ち出して、議論を込み入らせるという寸法です。

▼屁理屈を言って困らせる人

世の中には、理屈にならない理屈を言って、自分を守ろうとする人が案外多いのではないでしょうか。

先日、電車の中で、傘を脇に持って立っている女性がいました。すぐ後ろにいる男性に、女性の傘の柄《え》がふれそうで、急に電車が揺れたりすると、うっかり突いてしまう危険があります。男性は気になったのか、女性に、

「傘の柄、危ないので引っ込めてくれませんか」

と、穏やかな口調で言いました。すると、女性は振り返って、

「濡《ぬ》れてないから、いいじゃない」

と、ケロッとした様子。

「そういう問題じゃないんだけど……」

男性は、はっきり言い返せず、曖昧なまま話は終わり、彼は黙って別の車両に移って行きました。


二人とも、論理的な説明の基本が身についていません。

「濡れてないから」という理由は、論理のスリ替えです。傘を引っ込めてほしいという要求の理由は「危険だから」です。男性はそこを指摘して、

「電車が揺れたりして、柄が突き刺さると危険だから、引っ込めてほしいと言っているん

です」

と言うべきです。相手が、

「そういう問題じゃない」

と、言い返してきたら、

「では、何の問題なのか答えて下さい」

と、迫ればいいのです。

論理の筋道は、言いたいこととその理由、「だからこうです」との結論が通っていればよいわけですから、決して難しくありません。

故意に理屈を言ってスリ替えてくる人には、論理の筋道に戻して言い返せば、筋の通ったあなたの言い分を、相手は受け入れざるをえなくなります。ただし、聞く耳を持たない相手は例外で、そういう人がいることも、承知しておく必要があります。

なお、本項の内容については、小倉昌男著『「なんでだろう」から仕事が始まる！』（講談社）の中の「本音を隠すから話がややこしくなる」の部分を、参考にさせていただきました。

小倉昌男氏はすでに亡くなられていますが、ヤマト運輸の社長を務められ、その間に「宅急便」を世に送り出し、今日の宅配便時代をつくりだした、すぐれた経営者です。

別の著書の中で小倉昌男氏は、「説明」についても言及しています。

物事をうまく説明する能力というものは、どんな仕事にも求められるものだ。

極端なことを言えば、「仕事ができる」とは、「うまく説明できる」ことではないかとさえ思うことがある。

説明の中でも、とりわけ「理由」の説明は生活のあちこちに登場しますが、そんなときは、**面倒くさがらずに、丁寧に答える**ことです。

充分に理由の説明ができない場合は、

「△△までに調べておきますので、待って下さい」

と断って、後日説明すること。そうすれば、自分自身の理解も深まります。

第4章
説明力がアップする「言葉」の用い方

1

全体と部分の「関係」を明確にする

▼最初に全体の流れを示す

これから説明する事柄の「あらまし」を、話の冒頭に持ってくるのが原則です。

前おきに、相手の興味を引く話をする人もいます。でも、本題の説明を聞きたがっている相手には、もどかしく、

「それはいいから、早く始めてよ」

と、催促されかねません。そこで、たとえば、

「昨日の部課長会議では、来年度取り組むべき課題を三つに絞って話し合いました」

と、切り出して、

「三つの課題とはこれとこれと、これです」

と、全体のあらましを紹介します。

研修の講師も講義の初めに、

「それでは、本日の研修の内容について、全体の流れを説明します。お手もとにある、カリキュラムをご覧下さい」

と、カリキュラムにしたがって、その日一日の流れを、一分くらいで説明します。

そうしておいて、講義に入るわけです。講義も、まず、アウトラインを述べてから、各論に入っていくのです。

人前ではできても、日常の説明ではできない人を見かけます。たとえば、電話に出るといきなり「いま、よろしいですか」と言う人がいます。（いったい何事か）とムッときて、「よろしくないね」と、返したくなります。

先日も、見知らぬ人から電話がかかってきました。


「○○と申します。いま、よろしいですか」

「どんなことですか」

「実は、当社の新しいサービス制度について、説明させていただきたいのですが」

「悪いけど、これから出かけるので、時間がないのです」

「そんなに時間はかかりません。当社の新しいサービスはですね……」

「だから、いま、時間がないって言ってるでしょう」

腹が立って、電話を切ってしまいました。


「新しいサービスの件で、ご説明したいのですが、いま、よろしいですか」

「どのくらい、時間がかかりますか」

「二分あれば充分です」

これなら、**用件がわかり、時間の見通しが立つ**ので、聞いてもいいかな、という気になれます。

電話での説明は、

「要件の概要、そのあとで『いま、よろしいですか』の都合の確認」

という順序で話すこと。いきなり「いま、よろしいですか」は、都合を確認しているようで、その実、相手の都合など眼中にない物言いなのです。

▼「話の見当」がつくと安心できる

最初に、内容の全体を示せば、だいたいの見当がつき、聞き手は説明を受け入れやすくなります。

人間誰でも、

「おおよその見当をつける」

「だいたいの見通しを立てる」

ことを、日常の生活の中でやっています。

時間を聞かれて、

「たぶん、三時頃じゃないか」

と、見当をつけて言うと、「当たらずといえども遠からず」で、三時に近い時間だったりします。私は、時間の見当はつくほうで、ときにピッタリと言い当てて、「よく、わかりましたね」などと驚かれます。

時間に関しては、いつも気にしているので、全体の流れの中で見当をつけ、見通しを立てる習慣がついているため、時間感覚が磨かれているのだろうと思います。

「この仕事なら、三日あればできる」

ベテランともなれば、だいたいの時間を見積もることができます。見当がつくからです。

場所でも、「おおよそ、こっちの方向」と見当をつけられる力の持ち主は、道に迷うことが少ないだろうと思います。

説明を聞く場合でも、**全体の見通しを示してもらいたい**のです。「木を見て森を見ず」で、個々の木について話されても、森という全体像が示されないのでは、この先どうなるのか、いつまでかかるのか心配になって、落ち着いて聞くことができません。

▼全体と部分、部分と部分のつながりを示す

個々の話がわかっただけでは、本当にわかったとは言えません。

・いま、話したことが、全体とどうつながるのか
・項目が複数あるとしたら、この話はどの項目につながるのか
・Aの話とBの話は、どういう関係にあるのか

説明を聞いて「わかる」というのは、「つながりがわかる」ことを意味します。

海外のミステリーを読んだりする方は、途中まで読んで、ちょっと時間をおいて、改

めて続きを読み始めると、

（はて、彼女は、この人物とどういう関係だったかな）

などと、わからなくなったりしませんか。

（えーと、ミーラ・ハウエルという若い女性は確か……）

そこで、本の冒頭の「登場人物」を見ます。そこには、主な人物が主人公を中心に紹介されていて、関係がひと目でわかるようになっています。ミーラ・ハウエルという女性は、

（そうか、あの富豪の主治医の娘さんか）

となって、主治医が主人公の過去を知っていて、

（ミーラ・ハウエルがそれに気づき始めたらしいぞ）

と、ストーリー全体の中で、彼女の動きがわかって、話が面白くなってきます。


バラバラだった個々の情報が大きな流れに統合され、全体との関係が見えてきて、

（そうか、そういうことなんだ）と、理解できるのです。

説明を聞いて、迷った場合も、

「ほら、ここにつながるんだよ」

と、ひと言、言ってもらえれば、

（なるほど、そうだったんだ）となって、モヤモヤが消えるわけです。

説明とは、「関係をわからせる」こと。わかりの早い人とは、いまの話がどこにつながり、何を意味しているかに素早く気づく人のことです。

▼関係がわかると全体像が見えてくる

全体像を述べるには、部分にこだわらないで、一段視野を広げて、全体をぐるっと眺め渡すのがよいでしょう。部分だけに目が向いていると、ほかが見えなくなってしまいます。その部分が、全体の中でどの位置にあるのかを知る必要があるのです。

さらに、その部分とほかの部分のつながりをつかんで、その上で周囲を見渡せば、結果として全体像も見えてきます。

全体像とは、単なる部分の寄せ集めではありません。部分同士がつながり合って、そのつながり具合がひと目でわかるのが全体像です。

説明者は、説明する事柄について、右のように、まず全体をつかみ、各部分を全体との

つながりにおいて理解していれば、
「いま、この部分を話しています」
「さっきの話との関係ではこうなります」
と示しながら、関係を明確にできます。

大都市の地下道を歩いていると、全体を見通すことができないので、迷うことがありま
す。わかりにくい説明に似ています。つまるところ、「わからせる」とは、物事相互の関
係をわからせることなのです。

ただし、AがBにつながることがわかっても、つながる理由・根拠が曖昧だと、
「どうしてAとBがつながるの？　よくわからない」
と、疑問を持たれたりします。つながりを説明するには、「なぜ、つながるのか」の答
えも用意しておく必要があります。

関係もいろいろです。新しい職場で**人間関係に戸惑うのは、誰と誰がどういう関係にあ**
るのか、わからないからです。やがて、DさんとEさんは仲が悪い、などといった関係が
つかめてきます。それに伴って、接し方もわかってきます。

2 「たとえ話」で聞き手のイメージを喚起する

▼適切な比喩には説得力がある

日常使われる「頭がいい」という言葉。

物理学者の寺田寅彦氏といえば、

「天災は忘れた頃にやってくる」

という名言を残した人ですが、「科学者とあたま」と題するエッセイ（『寺田寅彦随筆集』岩波書店）で、次のように述べています。

いわゆる頭のいい人は、言わば足の早い旅人のようなものである。人より先に人のまだ行かない所へ行き着くこともできる代わりに、途中の道端あるいはちょっとした脇道にある肝心なものを見落とす恐れがある。

「頭のいい人」を「足の早い旅人」にたとえることで、理解の素早さと、逆に大事なものを見逃してしまう傾向について、わかりやすく表現した「比喩《ひゆ》」です。

比喩として、もっとも有名で親しまれているのが、パスカルの言葉。

「人間は考える葦《あし》である」

人間を葦のように弱い存在にたとえ、ただし、「考える」という特性を持った葦であると表現したのです。

適切なたとえに接したときは、

「知らない街で、親しい人に出会ったような気分を味わえる」

と、言った人がいます。

「たとえ」は、**たとえるものと、たとえられるものとの間に共通性があって、その両者の結びつきに意外性**があるほど、説得力が増します。

混雑した電車の中で足を組んでいる人の、その足を指して、

「考えない人の足である」

と、表現した人がいます。巧《たく》みな比喩に接すると、ピンときて、文句なくわかってしま

うのです。日頃から、

（これは何にたとえたらよいか）

と、考える習慣をつけておくことが、うまい比喩を見つけるコツでもあります。

▼「たとえ話」で気づかせる

人生に失敗はつきもの、人間は失敗から学ぶことで成長する。このように失敗を貴重な経験と捉えて、

「禍《わざわい》を転じて福となす」

「失敗は成功のもと」

「失敗とは成功の直前に諦めることである」

などの多くの教訓が語られています。

一方、成功となると、うまくいったわけですから、取り立てて言うこともなく、したがって語る言葉も少ないようです。そのため、つい油断して気がゆるみます。

そこで、成功に酔いしれないための戒《いまし》めが説かれます。

「勝って兜《かぶと》の緒《お》を締めよ」

軍師・山本勘助など、戦国時代の武将がよく口にした言葉です。

問題は、勝ってほっとした瞬間です。

油断と慢心で、いい気になって、状況の認識が甘くなってしまうのです。

そこで登場するのがたとえ話です。プロ野球の監督として、西鉄ライオンズ――いまの西武ライオンズの前身――の黄金時代を築き、〝知将〟と言われた三原脩《おさむ》氏は、次のように言って、選手をたしなめたそうです。


キミは野球が好きだったね。

0対0で緊迫したゲーム。そこへ、キミがヒットを放って、一塁に出た。

チャンスとばかり、味方は気勢を上げる。

キミは、ヒットを打った塁上で、

（どんなもんだ）

と得意顔だ。そのまま、ゆるゆると、二塁に向けてのリードを広げる。相手ピッチャーが牽制球が巧みであることを忘れていたのだ。投球モーションと見せかけて、素早く一塁にボールを投げ、戻る間もなく、キミはタッチアウト。

あっという間の出来事だった。

キミは、ヒットを打って得意になり、油断して、折角のチャンスを台無しにしてしまったのだ。

味方はがっかりして、

「あいつには困ったものだ」

と、キミの評価は下がる。

ヒットを打って塁に出た次の瞬間、気を引き締めて先を考えるのが、プロの野球選手というものだ。油断をつかれて、アウトになるようではプロとはいえない。


これは、私の好きな話でもあります。

仕事でヒットを飛ばして油断している後輩や部下に、こんな**たとえ話で、考えさせ、気づかせる**のです。相手がプロ野球でなく、サッカーファンだったら、サッカーの試合の中から、類似のエピソードを拾い出して、話すとよいでしょう。

たとえ話は、誰もが見たり聞いたりする状況を例にとって、短いストーリーにしてエッセンスを語るもの。聞き手は、(よくありそうなこと)と感じて、すぐに納得できます。

▼何気ない体験に「教訓」が潜んでいる

自分が直接体験した話は、より生き生きと話せて、聞く者にもイメージが浮かびやすく、印象に深く残ります。

以前、私が新幹線の車内で体験した出来事を紹介します。

私は、出入り口から三列目の通路側「3D」という席に座っていました。人が通るたびに、自動ドアが開いたり、閉まったりして、気が散って困っていました。

本を読むのを諦めて、ひと眠りしようと目をつむりましたが、なかなか眠くならなくて、何の気なしに目を開くと、小柄な外国人、多分アジア人ではなかろうかと思える男性が、自動ドアの前に立っていました。

彼は、自動ドアの前で、しきりにドアを閉めようとするのですが、ビクともしません。自分が前に立っているかぎり、閉まるわけがないのに、何を思い違えたのか、立ったまま、なんとか閉めようと、懸命になって無駄な力を費やしています。

近くの人は知ってか知らずか、誰も声をかけようとしません。見てしまった以上、黙っていられなくなった私は立ち上がり、彼の肩を軽く叩いて、ジェスチャーで、一歩下がるように示しました。

彼がドアの前から身体を引いたとたん、ドアが閉まりました。

「オー、ナイス、サンキュー」

彼は笑顔で言うと、その場から去って行きました。

なんだか妙に、てれくさい思いで席にもどったのを思い出します。

席に座って、再び目をつむって頭をよぎったのは、

（彼のことを笑えないな）

という思いでした。頑固に主張して、なんとか相手を動かそうとしている人（私も含めて）の姿です。

もう少し広げて言えば、

「自分を変えずに、相手を変えようと力んでいる人」

のことです。

一歩下がれば閉まるドアと同様、「自分が変わるのが先」であることに気づかずにいる人が、ずいぶんといるものだ、と。

この新幹線の中でのやりとりは、「自分が変われば、状況も変わる」という意味の教訓を抽出するのに、ピッタリの出来事でした。

経験したことがすべて、「体験談」として使えるとはかぎりません。一方、自分が体験したことの中に、説明したい事柄にピッタリの意味が含まれているのに、

（待てよ、何だか気になるな）

と、感じながら、ついやりすごし、体験談として生かせないまま終わるケースも少なくないようです。**一見なんでもなさそうな経験の中にも、説明に生かせる教えや教訓が隠れているの**です。

それに気づくためにはどうしたらよいか、そのヒントを次の項で紹介します。

3

体験談から得る「教訓」には説得力がある

▼ふと感じた「おや?」「はてな?」を大事にする

日々の暮らしの中で、ふとした疑問「あれ?」「おや?」が浮かぶことがあります。私たちはその大半を、忙しさに紛れてやりすごしてしまうものです。実は、**わずかな疑問、小さな違和感の中に、説明に生かせる芽がチラッと顔を見せているのです。**

その芽に気づき、育てていくための心得を「ま・み・む・め・も」の語呂合わせにまとめました。

①「ま」——待てよと、立ち止まる

（おや?）（なんだ?）と、**少しでも違和感を抱いたら、（待てよ）と、立ち止まって考えること。**（ま、いいか）とやりすごさずに、（なにかありそう）と考えてみるのです。

帰り際に、ふと見ると、後輩のC君が居残って、書類を作成しています。

「なんだ、まだいたのか」

軽く声をかけたYさんに、C君は顔も上げずに、「ええ」と、言ったきり。

一瞬、(はてな?)と感じ、(なにか面白くないことでもあるのかな)と思ったものの、(ま、気のせいか)と考え直して、Yさんは職場をあとにしました。

実は、Yさんが(待てよ)と立ち止まって考えていたら、二日前、日頃おとなしいC君が、珍しく課長に喰い下がっていたことを思い出せたはずなのです。そして、その件について、C君と話し合うこともできたはず……。

帰りがけに見せる後輩や部下の態度には、言いたいことをほのめかしているところがあるものです。

あとになって、C君があのとき独りで悩んでおり、会社を辞めようかとまで考えていたことを知ったYさんは、立ち止まらなかったことをいたく反省したそうです。

Yさんの体験は、人が何気なく発する無言のサインを読み取ることの「たとえ話」として、生かせる話です。

②「み」――見直してみる

現状がどうなっているか、改めて見直してみることです。

これまで当たり前のこととしてやってきた仕事の手順について、あるとき、部下に、「これって結構、面倒ですよね。煩わしくないですか」と言われて、上司は（うるさい奴だ）と思ったそうです。でも、（一応、見直してみるか）と、現状を当たってみると、二カ所はぶけるところがあることに気づいたそうです。

いまは変化の激しい時代、仕事のやり方もどんどん変わっています。部下のひと言から、**「当たり前を疑ってみる」**ことの大切さに、上司は気づいたそうです。

「当たり前」にやっていることに対して、（これって本当に必要なのか）と疑問を持つのは、意外に難しいものです。でも、それは大事なこと。その大事さに気づかせる「たとえ話」を発見する手がかりが「見直す」ことなのです。

③「む」――向きを変える

向きを変える、言い換えれば**視点を変えてみる**ことです。一つの見方にとらわれていると、考えが固定して、ほかの見方ができなくなります。

最近は、「聞くことの大切さ」について耳にすることが多くなりました。にもかかわらず、

（話すのは難しいけど、聞くのなら、私にもできる）

（聞くほうが話すよりラク）

などと考える人が、まだまだたくさんいます。そこで私は、

「話すことの反対語はなんですか」

と、質問することにしています。すると、ほとんどの人から、「聞く」という答えが返ってきます。ですが、正解は「聞く」ではありません。あえて言えば、次のようになるでしょう。

「話すの反対語は〝暴力〟」

先日、書店で『対話する社会へ』という岩波新書が目に止まりました。著者は暉峻淑子《てるおかいつこ》氏。本の帯にこう書いてありました。

「戦争・暴力の反対語は平和ではなく対話です」

平和は「対話の結果」手に入るものです。

「聞く」は「話す」の反対語ではなく、「話す」と「聞く」が一体となったものが「対話」です。「話す・聞く」やりとりの中で、「いま、どちらに中心がおかれているか」で、「話す」になったり、「聞く」になったりするにすぎません。

さらに、私たちは、聞きながら頷いたり、相槌を打つなどして、対話をすすめています。「聞く」は何も発信しないことではなく、聞きながらも表現をしているのです。

このように視点を変えて、「聞くのは表現であり、受け身でなく働きかけである」と説明することで、「聞く」ことについて、新しい見方が次々にあらわれて、それに伴う「たとえ話」も浮かんでくるのです。

聞く人がいなければ、話すことはできません。コミュニケーションは、いつも相手とともにあり、成果は自分だけでなく、相手と一緒に手に入れるものなのです。

④「め」——目を配る

日常の出来事に対しては、すっかり慣れきっているために、目配りが不充分です。単に見るのでなく、意識してよく見ることを「観察」と言いますが、見馴れているものには観察力が働かなくなるものです。

でも、毎日顔を合わせていて、同じように見える部下の姿も、昨日と今日とでは、どこかに変化があらわれています。

目配りは、その小さな変化に気づくセンサーのようなもの。センサーを働かせるのに必要なのが、次の項目です。

⑤「も」――問題意識を持つ

問題とは、解決を要する課題のこと。課題を抱えて、なんとかしたいという心の持ちようを「問題意識」と呼んでいます。

なんとかしなければと、差し迫った問題を抱えているとき、ものを観察するセンサーが働き出すのです。

いつもきちんと仕事を仕上げるF君が最近、ミスを二回続けて犯したので、なにかあったのかと、リーダーのKさんは気になっていました。ある日、よく見ると、いつもアイロンのきいたシャツを着ているF君が、その日は、シワの目立つシャツなのに気づき、(何かある)と確信しました。

そこで、お昼に彼と話してみると、奥さんとケンカをして、彼女が実家に帰ってしまったとのこと。

この体験から、部下を知るには、**(問題意識を持って観察することが大事だ)**と、Kさんは改めて気づいたのです。

▼大事な「最後のまとめ」の言葉

例をあげて説明すると、聞き手にイメージがわいて、生き生きと状況が浮かんできて、印象に残る話ができます。ただし、たとえ話が印象深すぎると、肝心のわからせたいポイントがぼけてしまいます。いわゆる、例の独り歩きという現象です。

アメリカの作家、ポール・オースターに「なぜ書くのか」というエッセイがあります(『トゥルー・ストーリーズ』新潮文庫)。

最後のほうに、八歳のとき、両親にプロ野球観戦に連れて行ってもらった思い出が綴《つづ》られています。試合が終わって、出口に向かうところで、憧れのウイリー・メイズ選手の姿を見かけます。以下、柴田元幸氏の訳による文章を抜粋して紹介します。

「ミスター・メイズ、サインしていただけませんか」

と、私はひるむ気持ちを抑えて、ありったけの勇気を奮い起こして声をかけた。

「ああいいよ、坊や、鉛筆は持っているか?」

生憎、鉛筆の持ち合わせがなかった。両親もまわりの人達誰一人も。ウイリー・メ

イズは、肩をすくめて、

「悪いな、坊や。鉛筆がなくちゃ、サインしてやれんよ」

そして彼は野球場を出て、夜のなかに消えて行った。

私は泣きたくなかった。だが、涙がひとりでに頬をつたって流れはじめ、帰りの車の中でも、ずっと泣きっぱなしだった。

その夜以来、私はどこへ行くにも鉛筆を持ち歩くようになった。家を出るときに、ポケットに鉛筆が入っているのを確かめるのが習慣になった。

ポケットに鉛筆があるなら、いつの日かそれを使いたい気持ちに駆られる可能性は大いにある。

そうやって私は作家になったのである。


ポール・オースターの少年時代のエピソードは、最後の結びによって輝くのです。そして「なぜ書くのか」というタイトルの答えにもなっているように思います。

たとえ話では、最後のひと言が肝心です。なぜ、この話をしたかの、まとめの言葉を忘れないように。

4 どんな言葉も軽く扱わず吟味する

▼言葉は記号である

説明はほとんど言葉によってなされています。言葉は説明に不可欠な要素です。

一方、人はあまりに言葉を使い馴れているために、言葉の性質や役割について、普段は意識しないですごしています。

わかりやすい説明を目指すには、言葉について、その性質や働きを理解して、有効に使いこなせるようになりたいもの。説明したのにわかってもらえないのは、大半が言葉の使い方に問題があるのです。

言うまでもなく、人間は言葉によって自分を表現し、相手の話を聞き、意思の疎通を図って生活しています。

S・I・ハヤカワ氏の著書『思考と行動における言語』（岩波書店）に、次のような指摘があります。

言語とその働きについての知識は、一般の市民にとっては、九九の掛け算同様、毎日の役に立つ常識である。

では、言葉とは何か。

言葉とは、物事やイメージをあらわす記号です。物事やイメージそのものではなく、代わりに用いられる記号です。

第一に、記号としての言葉は、それをあらわす事物と、一対一で対応しているわけではありません。世の中の一つひとつの事物を別々の言葉で表現していたら、言葉はいくらあっても足りません。まとめて表現するのです。

コップが五つ、目の前にあっても、一つひとつはみな違うコップです。それが、言葉にしたとたん、全部同じコップになるのです。個々の違いははぶいて、共通の属性に着目して、コップと呼ぶのです。

これは、すべての言葉に共通した性質です。

「みかん」――この言葉も、冬の代表的な果物につけられた記号であって、ある人は、小さな橙色《だいだいいろ》のみかんを思い描くかも知れません。また、別の人は、緑色の皮のみかんに思いを馳《は》せるかも知れません。

愛媛県の人に聞いたところ、みかんには三十何種類もあるとのことです。それぞれ種類ごとに味や形状が異なり、中には、一個八〇〇円もする「紅《べに》まどんな」というみかんもあるそうです。

それを聞いて、私が知人に、

「近頃は一個八〇〇円もするみかんもあるそうで、びっくりしました」

と言ったところ、彼は首をかしげながら答えました。

「へえ、そうですかねえ。私は、昨日、ひと山一〇個のみかんを、三〇〇円で買いましたよ。みかんて、そのくらいの値段のものじゃないのかな」

私の言う「みかん」と、彼が指す「みかん」とは種類が違うのです。言葉は同じでも、指し示すものが違います。そこで、

「紅まどんなのように、一個八〇〇円もする高いみかんは、地元の人は買いません。仮に買おうと思っても、大半は東京に送られるので、なかなか手に入りません」

と、説明すれば、紅まどんなに絞られるので、話は喰い違わずにすみます。

とはいえ、こんな話が出てくることも……。

「私は、この前、紅まどんなを二個四〇〇円で買いましたよ」

先の愛媛の人によると、傷のある紅まどんなは脇にどけて、安く売るのだそうです。

同じ紅まどんなでも、それぞれ違うのです。

「言葉は個々の違いまであらわせない」

説明をするとき、承知しておきたい大事な心得です。

「みかん」の産地としては、愛媛県のほかに、和歌山県、静岡県が有名です。それぞれ、みかんの種類は違うでしょう。

このように、「みかん」全体を説明するには「みかん」という言葉が便利です。しかし、個々の「みかん」について説明する場合は、その「みかん」の特徴を詳しく説明する必要があります。

▼言葉は「地図」という考え方

言語学の分野において、「一般意味論」を構築した学者、アルフレッド・コージブスキーは、言葉と言葉があらわす事物の関係について、次のように言っています。

「言葉は地図のようなものである」

言葉の性質をあらわした、巧みな比喩です。

コージブスキーによれば、言葉は地図のごときもので、言葉があらわす事物は「現地」に相当します。

説明に使われる言葉は、「現地」をわかりやすく描いた地図であることが望ましいということです。


第一に、正確ではあっても、詳しすぎて、見た瞬間、すぐにピンとこない地図は、詳しすぎる説明と同じく、理解するのに時間を要します。

略図で、大まかに必要なポイントが示されるほうがわかりやすいケースも少なくありません。

たとえば、配属されたばかりの新入社員を、工場見学に行かせる際は、

「見るべき個所は、A、B、Cの三カ所だ。この三カ所に絞って、詳しく見てくるとよい。なぜ、この三カ所かというと、わが社の主力製品がこの三カ所でつくられているからだ。

どうつくられているか、きちんと確かめてきてほしい」

などといった、工場全体を俯瞰《ふかん》しての、大まかな説明のほうがわかりやすいのです。


第二は、使う言葉が「現地」をあらわしているかどうかです。

「彼は自分のことしか考えられない人間だ」

たとえば、こうした発言は、一見「彼」についての事実を述べているように聞こえますが、実は、話し手が彼について抱いている感情の表現にすぎません。

そこで、次の諸点に配慮する必要があります。

①「私が思うには」と、自分の意見であると添えること。私としてはこう思い、こう考えるのだ、というひと言が必要です。

②「たとえば、こんなことがあった」と、地図に相当する「現地」について、具体的な事実をあげて説明しないと、「現地」を伴わない言葉を使うことになってしまいます。
中には、「彼は自分を大切にする芯《しん》の強い人間だ」と評する人もいたりすると、言い争いが起こります。

③彼についての私の見方は、彼の一面を指摘しているだけで、ほかにも違った面があるはず、と多面的に捉えるのです。

説明をするにあたっては、**自分だけの見解にもかかわらず、いかにも万人がそうであるかのように表現するのは危険**です。

人は自分自身について語りながら、それを外界の事物について語っていると思い違えることが多い。

（アナトール・ラポポート『一般意味論』）

「現地」不在の言葉を使わないために、心にとどめておきたいひと言です。

5 「自分の言葉」でなく「相手の言葉」をつかう

▼独りよがりの言葉は禁物

説明に使われる言葉は、自分だけが承知した、独りよがりのものでは相手に通じません。自分だけでなく、相手にもわかる言葉を使って説明することです。

留意点を三つあげておきます。

①自分だけ承知した言葉は使わない

その日、仕事が早く終わったNさんは、帰宅の途中、ふと、

（そうだ、子どもたちにたい焼きでも買って帰ろう）

と思い立ち、駅前通りのたい焼の屋台に向かいました。六〇歳前後のおやじさんに、

「たい焼、五個下さい」

と、言いました。すると、

「二分待ってくれない？」

という返事。

鉄板の片隅に、できあがったたい焼が何個も置いてあるのに、（なんで？）という思いがして、Nさんはおやじさんの顔に改めて視線を向けました。

ぶすっとしたその表情に、（なんだか、感じの悪いおやじだな）と思ったのですが、次の瞬間、

「二分待ってくれない？」

という言葉がよみがえってきて、（そうか、そういうことか）と気づいたのです。

「ありがとう、新しいのを焼いてくれるんですね」


一見、無愛想なおやじさん、根は親切な人だったのです。ただし、説明不足です。ひと言、二分待つ理由を言葉に出してくれれば、Nさんは戸惑わなくてすんだはずです。

根はやさしい人なのに、自分だけ承知した言葉足らずの人。こんな人があなたのまわりにもいませんか。このタイプの人が内心でつぶやくセリフはこうです。

（まったく、わからん奴だ）

②人を戸惑わせる「あやふや言葉」

あやふや言葉とは、曖昧で意味のはっきりしない言葉のこと。例を二つあげます。

第一は「一応」です。「一応」はひとまず、とりあえず、という意味の言葉です。

コピー機の修理を終えたエンジニアが言いました。

「一応、直しときましたから」

言われた相手は戸惑います。

「一応って、ちゃんと直してくれないと……」

「部品を交換しましたから、大丈夫です」

「だったら、一応なんて言わないでよ」

「一応」が口癖の人がいます。技術者などにこの傾向の人が多いようです。やることはやったのだとしたら、「一応」でなく、

「修理終わりました。部品を取り換えておきましたので、ご安心下さい」

と、はっきり説明すべきです。

第二は、「つらいものがあります」という表現。

ライターのSさんが編集者のMさんと、中央線に乗って、甲府に出張したときのことです。

たまたまお喋りが途切れたとき、Mさんがつぶやきました。

「こうしてSさんと一緒に中央線に乗っていると、つらいものがありますね」

一瞬、Sさんは戸惑いました。

「つらいものって、なんか私、変なこと、言いました？」

「いえ、Sさんが小学一年生までいた、甲府での思い出をいろいろお聞きしたいと思っていたのに、車窓の景色につい見とれてしまって。でも、Sさんの話も聞きたくて、それで……」

（うーん、そういうことか）と、Sさんはほっと胸をなでおろしました。

「つらいものがある」——思わせぶりな言葉に取られかねない、あやふやな表現ですね。

次の「大丈夫」も、判然としないところのある言葉です。

③「大丈夫」は肯定？　それとも否定？

Ｉさんは書店で文庫本を買って、レジで支払いをする際に、

「カバーをおつけしますか」

と、聞かれました。

「大丈夫」

と答えたところ、店員は「はあ〜」と戸惑った表情をしました。

Ｉさんは、実は、

「ブックカバーを持っているので、申し出はありがたいのですが、カバーはつけなくていいです」

と、断る代わりに「大丈夫」と答えたのですが、「大丈夫」は、ＹＥＳ、ＮＯのどちらにもとれる曖昧な言葉で、相手にすればわかりにくい表現です。

「ありがとう。でも、カバーはつけなくていいです」

このほうがわかりやすいし、強い言い方にもならなくてすみます。大丈夫は「大丈夫、おまかせ下さい」のように、相手を安心させるときに使いましょう。

▼気をつけたい「カタカナ語」の用い方

日本語は次の三種類の言葉を含んでいます。

・和語――漢字が入ってくる前から日本で使われていた言葉
・漢語――中国から入ってきて日本語になった言葉
・カタカナ語――主に欧米からの外来語

たとえば、「はじめ」は和語、「開始」は漢語、「スタート」はカタカナ語といった具合です。「規則」は漢語で、和語なら「決まり」で、カタカナ語でいえば「ルール」となります。この三種類の言葉を、私たち日本人は、意識せずに微妙に使い分けています。

近年、「カタカナ語」が急増して、全体の三割近くを占めているとも言われます。それだけに、「使い方」については気をつける必要があります。

①同じ意味なら、日本語で充分

先日も、ＮＨＫのアナウンサーが、

「さて、次に、すなわちネクストですね」

などと、格好つけて話していましたが、「次に」のひと言だけで充分です。

「リスペクト」も「尊敬」という日本語があるのですから、それを使えばよいのです。

「高齢者が快適な生活を楽しめるように、お手伝いする」

これを、

「シルバーエイジが、アメニティライフをエンジョイできるようサポートする」

などと表現すれば、お年寄りの中には、「はてな？」と、首をかしげる人がいるかも知れません。

②「カタカナ語」は意味を理解した上で使う

カタカナ語でしか表現できない言葉もあります。一例をあげると、「ワークショップ」。

よく使われる言葉ですが、該当する日本語がなく、その上、**意味の理解も不充分のまま使っている人**を見かけます。

「参加者が主体的に関与し、意見を交換して、創造的な学習を行う集まり」

といった意味の言葉です。


ところで、「ケア」という「カタカナ語」があります。日本語の国語辞典にも、「世話。介護。ていれ」を意味する言葉として載っています。

世話や介護などの日本語があるのに、なぜ「ケア」と言うのか、疑問に思いませんか。「世話」と「ケア」とを、人々は無意識のうちに、使い分けているのではないでしょうか。「世話」は、個人が相手に対して、なにかと面倒を見ることですが、「ケア」は私的でなく公的に、あるいは制度の中の決まりとして行う「面倒を見ること」「援助すること」という意味で使われています。

いまの人は、個人に「世話をやかれる」のが嫌いで、うるさがったりします。一方で、福祉社会ですから、なにかと「ケア」を求めます。昨今、「心のケア」とか「メンタルヘルス」とかの必要性がしきりに叫ばれるようになりました。

個人からの「世話」は、干渉として嫌い、公的機関の「ケア」は、介護として受け入れる時代なのです。

よく使われるカタカナ語も、意味を理解した上で用いないと、正確な理解の妨げになります。逆に、その意味を探っていくと、いまの日本人の行動や心理の傾向に気づかされたりもします。

▼略語は便利でも乱用しない

日本人は略語が好きです。

略語は、短くて便利、はずみがついて言いやすい、仲間意識が共有される、などの理由もあって、好んで使われます。

就職活動は「就活」で、続いて「婚活」、さらに「恋活」、近頃は「終活」まであらわれています。

「彼女、リケジョなのよ」

ＳＴＡＰ細胞騒動を起こした女性研究者。彼女は「リケジョ」と言われても、(はてな?)。

略さなければ「理系女子」で、(なんだ!)とすぐにわかるのですが……。

略語は仲間内で使われることが多く、外の人間には、ピンとこない場合があります。

「A社はじゅうき、五〇〇人。そのうち、りんじゅうが三分の一の会社です」

この説明で、あなたは理解できますか。「じゅうき」は「従業員規模」、「りんじゅう」は「臨時従業員」の略ですが、部外者の私は、はじめなんのことか、わかりませんでした。

お母さん方の話に出てくる「カタカナ語」の「モンペ」が、やはり（はてな？）でした。

なんと「モンスターペアレント」のことを「モンペ」――これではわかりませんよね。

カタカナ語には特に略語が目立ちます。たとえば、

「ケアマネ」――「ケアマネージャー」

「キャラ」――「キャラクター」

「アプリ」――「アプリケーション」

など。「キャラ」「アプリ」は、元の言葉と微妙に意味が違うらしいのですが……。説明を聞いても、私には理解不能でした。

ちなみに、私の使っているケータイは、

「ガラケーといって、ガラパゴス・ケータイの略語です」

と、知人が教えてくれました。

▼新しい言葉を〝自分のもの〟にする

科学技術が急速に進歩して、人々の生活様式も、どんどん変化しています。それに伴って、新しい製品、制度、出来事などが次々に登場します。

新しくできる製品、新しく起こる現象には、それにふさわしい新しい言葉が必要です。その結果、いまの時代、次々に新しい言葉が生まれています。その大半はカタカナ語です。

これからもカタカナ語はますます増えていくでしょう。

新しいカタカナ語はまず、自分でその意味、発生の由来などを調べて、よく理解しておくこと。その上で、興味のありそうな人に、それとなく解説するなどして、自分の理解度を量ってみることです。

よく耳にするからといって、それに便乗して、（なんとなくこんな意味では？）といった程度の理解でカタカナ語を口にすると、説明があやふやになり、相手に突っ込まれかねません。

といって、新しい言葉を敬遠していたのでは、説明できる範囲が狭くなってしまいます。

面倒がらずに、新しい言葉の意味を理解し、それが使われる状況を、インターネットなどで調べて、情報収集しておくこと。

そして、実際に「説明」が必要なときに使ってみて、うまく伝わらなかった場合には、自分の理解に問題があったのではないかと、再度意味を確かめて、理解を深めていくのです。新しい言葉を消化して、自分のものにし、わかりやすく説明できれば、周囲からの信頼を得ることができるのです。

さて、本書もここで終わりとなります。小説ならば「大団円」となって、めでたしめでたしですが、「わかりやすく話す説明」では、終わりは「これから」につながります。本書で述べた、説明に関する「考え方」「心得」「スキル」などを、日常生活で生かす、その「スタート」が切られたばかりです。

そこで、あえてカタカナ語で、

「グッドラック」

と、言わせて下さい。

本書ができあがるまでに、多くの方の協力を得ました。深く感謝します。ありがとうございました。

本書は、『説明力』（海竜社・二〇一五年刊）を加筆・修正し、
再編集したものです。

著者：福田　健（ふくだ・たけし）

1961年、中央大学法学部卒業後、大和運輸（ヤマト運輸）入社。67年、言語科学研究所入所。指導部長、理事を歴任。83年、株式会社話し方研究所を設立。所長に就任。2004年からは会長を務める。

研究所主催のセミナーで指導にあたるほか、各企業･官公庁で講演･講座活動を行なっている。

主な著書に、『「謝り方」の技術』（三笠書房）、『気まずい空気をほぐす話し方』（KADOKAWA）、『人は「話し方」で9割変わる』『女性は「話し方」で9割変わる』（経済界）、『相手に気持ちよく「しゃべって」もらう技術』（総合科学出版）などがある。

（株）話し方研究所
〒103-0012
東京都中央区日本橋堀留町1丁目10-16　第8センタープラザ7階
TEL:03(5649)0874
URL:http://www.hanashikata.co.jp

きちんと伝わる「わかりやすい説明」

2017年 4月 11日　第1版 第1刷発行

著者	福田　健
制作・DTP	釈迦堂アキラ
編集協力	もみじ社
カバーデザイン	大澤 康介
印刷	株式会社 文昇堂
製本	根本製本株式会社

発行人　西村貢一
発行所　株式会社 総合科学出版
〒101-0052　東京都千代田区神田小川町 3-2 栄光ビル
TEL　03-3291-6805（代）
URL：http://www.sogokagaku-pub.com/

Printed in Japan　ISBN978-4-88181-857-2　C2011